CLÁSSICOS
GREGOS
E LATINOS

Rio profundo, os padrões e valores da cultura greco-latina estão subjacentes ao pensar e sentir do mundo hodierno. Modelaram a Europa, primeiro, e enformam hoje a cultura ocidental, do ponto de vista literário, artístico, científico, filosófico e mesmo político. Daí poder dizer-se que, em muitos aspectos, em especial no campo das actividades intelectuais e espirituais, a nossa cultura é, de certo modo, a continuação da dos Gregos e Romanos. Se outros factores contribuíram para a sua formação, a influência dos ideais e valores desses dois povos é preponderante e decisiva. Não conseguimos hoje estudar e compreender plenamente a cultura do mundo ocidental, ao longo dos tempos, sem o conhecimento dos textos que a Grécia e Roma nos legaram. É esse o objectivo desta colecção: dar ao público de língua portuguesa, em traduções cuidadas e no máximo fiéis, as obras dos autores gregos e latinos que, sobrepondo-se aos condicionalismos do tempo e, quantas vezes, aos acasos da transmissão, chegaram até nós.

CLÁSSICOS
GREGOS E LATINOS

Colecção elaborada sob supervisão
do Instituto de Estudos Clássicos da Faculdade de Letras
da Universidade de Coimbra
com a colaboração
da Associação Portuguesa de Estudos Clássicos

TÍTULOS PUBLICADOS:

1. AS AVES, de Aristófanes
2. LAQUES, de Platão
3. AS CATILINÁRIAS, de Cícero
4. ORESTEIA, de Ésquilo
5. REI ÉDIPO, de Sófocles
6. O BANQUETE, de Platão
7. PROMETEU AGRILHOADO, de Ésquilo
8. GÓRGIAS, de Platão
9. AS BACANTES, de Eurípides
10. ANFITRIÃO, de Plauto
11. HISTÓRIAS - Livro I, de Heródoto
12. O EUNUCO, de Terêncio
13. AS TROIANAS, de Eurípides
14. AS RÃS, de Aristófanes
15. HISTÓRIAS - Livro III, de Heródoto
16. APOLOGIA DE SÓCRATES • CRÍTON, de Platão
17. FEDRO, de Platão
18. PERSAS, de Ésquilo
19. FORMIÃO, de Terêncio
20. EPÍDICO, de Plauto
21. HÍPIAS MENOR, de Platão
22. A COMÉDIA DA MARMITA, de Plauto
23. EPIGRAMAS - Vol. I, de Marcial
24. HÍPIAS MAIOR, de Platão
25. HISTÓRIAS - Livro VI, de Heródoto
26. EPIGRAMAS - Vol. II, de Marcial
27. OS HERACLIDAS, de Eurípides
28. HISTÓRIAS - Livro IV, de Heródoto
29. EPIGRAMAS - Vol. III, de Marcial
30. AS MULHERES QUE CELEBRAM AS TESMOFÓRIAS, de Aristófanes
31. HISTÓRIAS - Livro VIII, de Heródoto

HISTÓRIAS
livro 8º

Título: *Histórias - Livro 8.º*

© desta edição: José Ribeiro Ferreira,
Carmen Leal Soares e Edições 70

Capa de Edições 70
Athena Lemnia, de Fídias
Desenho de Louro Fonseca a partir de uma cópia romana

Depósito Legal n.º 178831/02

ISBN 972-44-1120-6

Todos os direitos reservados para a língua portuguesa
por Edições 70, Lda. / Lisboa / Portugal

EDIÇÕES 70, LDA.
Rua Luciano Cordeiro, 123 - 2.º Esq.º – 1069-157 LISBOA / Portugal
Telef.: 213 190 240
Fax: 213 190 249
E-mail: edi.70@mail.telepac.pt

www.edicoes70.pt

Esta obra está protegida pela lei. Não pode ser reproduzida
no todo ou em parte, qualquer que seja o modo utilizado,
incluindo fotocópia e xerocópia, sem prévia autorização do Editor.
Qualquer transgressão à Lei dos Direitos do Autor será passível de
procedimento judicial.

HERÓDOTO

HISTÓRIAS
livro 8º

Introdução de Carmen Leal Soares
Versão do grego e notas de
José Ribeiro Ferreira e Carmen Leal Soares
Professores da Faculdade de Letras da Universidade de Coimbra

Prefácio

O Livro 8º das *Histórias* de Heródoto que agora vê a luz dos escaparates – publicados que foram já o 1, 3, 4 e 6 – foi preparado por José Ribeiro Ferreira e Carmen Leal Soares, ambos professores do Instituto de Estudos Clássicos da Faculdade de Letras da Universidade de Coimbra. Espera-se que em breve se lhe sigam os restantes, o 2, o 5, o 7 e o 9.

Como tem acontecido em volumes anteriores, a tradução que agora se apresenta é obra de colaboração, mas na sua elaboração acabámos por dividir tarefas para facilitar o trabalho. Assim Carmen Leal Soares ocupou-se da Introdução e da tradução e notas dos capítulos 1-96. José Ribeiro Ferreira encarregou-se apenas da versão e anotação dos capítulos 97-144.

O texto que serviu de base à tradução – com raras excepções, referidas em nota – foi o da edição teubneriana de H.B. Rosén.

Não queremos deixar de agradecer aos colegas e amigos a ajuda, apoio, sugestões e indicações bibliográficas. A todos a nossa sincera gratidão.

Bibliografia Geral Selecta

Edições críticas, traduções e comentários

Hude, C., *Herodoti Historiae*, 2 vols. (Oxford ³1927) reimp. 1962.
Légrand, Ph.-E., *Hérodote. Histoires. Livre VIII* (Paris).
Masaracchia, A. (introd., ed., com., trad.), *Le storie. Libro VIII. La bataglia di Salamina* (Milano ³1996).
Rosén, H. B., *Herodotus Historiae*. Vol. II (Leipzig 1997).

Estudos

Ehrenberg, V., *From Solon to Socrates. Greek history and civilization during the 6th and 5th centuries BC* (London²1993 reimp.).
Flory, S., *The arcaic smile of Herodotus* (Detroit 1987).
Gillis, D., *Collaboration with the Persians*, Historia Einzelshriften 34 (Wiesbaden 1979).
Green, P., *The year of Salamis*, 480-479 B. C. (London 1970).
Harrison, Th., *Divinity and History. The religion of Herodotus* (Oxford 2000).
Hignett, C., *Xerxes' invasion of Greece* (Oxford 1963).
Immerwahr, H. R., *Form and thought in Herodotus* (Cleveland 1966).
Shimron, B., *Politics and belief in Herodotus* (Stuttgart 1989).
Waters, K. H., *Herodotos on tyrants and despots. A study in objectivity.* Historia Einzelschriften 15 (Wiesbaden 1971).

Abreviaturas

CAH ¹IV = J. B. Bury, S. A. Cook and F. E. Adcock (edd.), *The Cambridge Ancient History, IV. The Persians and the west* (Cambridge ¹1969 reimp.).

CAH ²IV = J. Boardman, N. G. L., Hammond (edd.), *The Cambridge Ancient History, IV. Persia Greece and the western Mediterranean c. 525 to 479 B. C.* (Cambridge ²1988).

FGrHist = *Die Fragmente der griechischen Historiker*. Ed. F. Jacoby (Leiden 1963).

How-Wells = W. W. How and J. Wells (introd., com.), *A commentary on Herodotus. With introduction and appendixes. Volume II: books V-IX* (Oxford 1967 reimp.).

Masaracchia = *Le storie. Libro VIII. La bataglia di Salamina* (Milano ³1996), A. Masaracchia (introd., ed., com., trad.).

Schrader = *Heródoto. Historia. Libros VIII-IX* (Madrid 1989), C. Schrader (introd., trad., com.).

AJA = *American Journal of Archaeology*
AncSoc = *Ancient Society*
ASNP = *Annali della Scuola Normale Superiore di Pisa*
BCH = *Bulletin de Correspondence Hellénique*
CA = *Classical Antiquity*
CP = *Classical Philology*
G&R = *Greece and Rome*
GRBS = *Greek, Roman and Byzantine Studies*
JHS = *Journal of Hellenic Studies*

INTRODUÇÃO

As guerras que pela primeira vez opuseram povos do Oriente a outros do Ocidente remontam à segunda metade do séc. VI a. C. (com a subjugação de cidades gregas da Ásia Menor), ocorrendo, contudo, na primeira metade do século seguinte as principais batalhas desse longo confronto (em 490 em Maratona, em 480 nas Termópilas e em Salamina e em 479 em Plateias e Mícale)[1]. Os protagonistas desses conflitos sangrentos foram o império medo-persa e um conjunto de cidades gregas de que, embora distintas política, económica e até socialmente, se sentiam irmanadas por uma cultura comum, a helénica[2]. Do ponto de vista da *fábula*, Heródoto estrutura os nove livros das suas *Histórias* de acordo com o crescimento do expansionismo asiático, detido na Europa pela oposição grega[3]. O momento desse percurso em que nos coloca o livro VIII é já o do desfazer do sonho bárbaro, com o aviso da capacidade de resistência do adversário, tanto em terra, com a batalha das Termópilas, como no mar, com os confrontos, relativamente equitativos, no Artemísio e a derrota humilhante em Salamina. Antes de passarmos à apresentação dos assuntos abordados no texto que de seguida se traduz e comenta, parece-nos, porém, oportuno fazer um apanhado dos acontecimentos que antecederam a empresa de Xerxes e o levaram, nos inícios do Outono de 480, a retirar-se para a pátria.

---

[1] Todas as datas referidas ao longo deste trabalho reportam-se a acontecimentos anteriores ao nascimento de Cristo, caso contrário, serão devidamente assinaladas.

[2] Não vamos aqui discutir os factores que levam actualmente os estudiosos a defenderem a existência de um elo de vivência e sentimento particular aos povos que, na Antiguidade, conscientes já dessa herança comum, se auto-intitulavam pelo mesmo nome, os Helenos. Para uma reflexão atenta e fundamentada destas matérias, veja-se J. R. Ferreira, *Hélade e Helenos. Génese e evolução de um conceito* (Coimbra 1992).

[3] Veja-se H. R. Immerwahr, *Form and thought in Herodotus* (Cleveland 1966) 238.

O expansionismo do império asiático

Comecemos, pois, por lembrar o proémio das *Histórias*, onde Heródoto deixa transparecer o objectivo de conformar a sua obra segundo a noção bem grega de que a roda da fortuna humana, e das cidades enquanto produto dos homens, oscila:

Das [cidades] que antigamente eram grandes, muitas delas tornaram-se pequenas, enquanto as que no meu tempo são grandes, eram primeiro pequenas. Persuadido de que a felicidade humana nunca permanece firme no mesmo ponto, mencionarei por igual umas e outras.
(1. 5. 4)[4].

Concordamos com H. R. Immerwahr, quando considera ser esta ideia da alternância da prosperidade com o declínio o que confere unidade aos períodos históricos retratados[5]. Essa mesma concepção cíclica e tripartida da vida, será vincada repetidas vezes; as palavras dirigidas por Creso ao seu novo senhor, Ciro, no momento em que este se preparava para empreender guerra contra os Masságetas, são disso um dos melhores exemplos:

Se te julgas imortal e senhor de um exército que o é também, nem valeria a pena estar a expor-te a minha opinião; mas se reconheceres que, também tu, não passas de um homem ao comando de outros homens,

---

[4] Em *Heródoto. Histórias, livro I°*. Introdução geral de M. H. da Rocha Pereira. Introdução ao Livro I, versão do grego e notas de J. R. Ferreira e M. F. Silva (Lisboa 1994).

[5] Leiam-se os capítulos I e II de *Form and thought*. Embora reconheça que Creso serve de paradigma ao desenvolvimento da vida do monarca bárbaro e que esta está profundamente impregnada pela concepção de herói trágico, K. H. Waters discorda da interpretação de Immerwahr, segundo a qual o livro I, com as histórias de Creso e Ciro, deve ser considerado o modelo a que se conformam os restantes acontecimentos históricos (*Herodotos on tyrants and despots. A study in objectivity*, Historia Einzelschriften 15, Wiesbaden 1971, 46 sq.). Segundo o mesmo autor, é inegável a presença dos *topoi* da tragédia esquiliana e sofocliana, seus contemporâneos, como o Destino, a roda da fortuna e a inveja divina, contudo essas forças não subordinam o material histórico propriamente dito, o que se passa é exactamente o contrário. De facto a experiência do reinado persa nos últimos anos conformava-se com esse critério de análise grega. Este aspecto levanta uma questão famosa, a da veracidade, mas que não nos compete aqui discutir. Contributo importante sobre a credibilidade dos dados apresentados a respeito dos povos bárbaros é, nesse sentido, o volume XXXV dos *Entretiens Hardt*, subordinados ao tema *Hérodote et les peuples non grecs* (Genève 1990).

regista, antes de mais, esta verdade: que a vida humana é como uma roda que, nas suas rotações, não permite que a felicidade contemple sempre a mesma pessoa.

(1. 207. 2)[6]

Passemos agora em revista os reinados dos vários monarcas bárbaros, procurando salientar o seu relacionamento com a Grécia, percurso que nos levará ao assunto do livro agora considerado.

Florescia na Ásia, mais propriamente na capital da Lídia, Sardes, uma monarquia com fortes ambições imperiais. Estamos ainda no séc. VI a.C. e à frente dos destinos dos Lídios encontra-se Creso (560-46)[7]. É com ele que se iniciam as conquistas dos estados gregos, a chamada primeira submissão dos Iónios (1. 92. 1), conforme nos dá conta a informação de Heródoto sobre ter sido ele *o primeiro a cometer actos injustos contra os Helenos* (1. 5. 3), a submeter alguns ao pagamento de um tributo, mas a fazer de outros seus amigos (1. 6. 2 e 1. 27. 1). Na verdade, as relações do monarca com os Iónios e os Eólios traduziam sobretudo a consolidação do domínio lídio, já estabelecido, embora temporariamente, pelos seus antecessores[8]. No que se refere à sua política de relacionamento com os povos conquistados pode dizer-se que esta se caracterizou por alguma tolerância cultural. Exemplo disso mesmo foi o respeito ou até mesmo a veneração demonstrada por alguns santuários gregos, atitude que lhe valeu a fama de filelénico, sobretudo graças aos magníficos presentes oferecidos aos santuários gregos, e muito em especial ao de Apolo em Delfos[9]. Interesses políticos fizeram, por outro

---

[6] Tradução de M. F. Silva, in *Heródoto. Histórias, livro 1º*. O rei persa, porém, persistiu na sua cegueira e – depois de capturar o filho da rainha bárbara, Tómiris, o qual, incapaz de suportar semelhante ultraje, acaba por suicidar-se – morre às mãos vingadoras da mãe do seu troféu de guerra (1. 214).

[7] Não pretendendo dar uma informação exaustiva da bibliografia sobre Creso e os reis persas (Ciro, Cambises, Dario e Xerxes), indicam-se apenas alguns títulos, onde é possível encontrar referências mais pormenorizadas: Introduções das traduções portuguesas aos livros 1º (supracitado) e 3º (*Heródoto. Histórias, livro 3º.* Introduções, versão do grego e notas de M. F. Silva e C. Abranches, Lisboa 1997), H. R. Immerwahr, *Form and thought*, 154-83, K. H. Waters, *Herodotos on tyrants*, 45-85.

[8] As invasões de Mileto e Esmirna, bem como a tomada de Cólofon (1. 14. 4), foram protagonizadas por Giges. Também Árdis, seu filho, tomou Priene e atacou Mileto (1. 15. 1, 17. 1 e 18. 1). Vide G. L. Huxley, *The early Ionians* (London 1966) 52-54.

[9] Alvo dessa distinção foram os templos de Abas, de Dodona, de Anfiarau, de Apolo Ismênio em Tebas, o de Éfeso, o de Atena Pronaia em Delfos e o dos Brânquidas em Mileto (1. 46 e 1. 92). Tão famosos eram os tesouros oferecidos ao deus Apolo do oráculo de Delfos que, segundo Heródoto, Xerxes, no desejo de os obter para si, divide o exército

lado, com que o senhor da Lídia, ameaçado pelo poderio crescente dos vizinhos medo-persas e cobiçando o seu território, procurasse estabelecer alianças com os Gregos, mais propriamente com os Espartanos (em 548/ /47), preparando-se para uma guerra contra Ciro (1. 46-70). A batalha travada em Ptéria, território da Capadócia, não é decisiva e Creso retira em direcção à capital lídia (1. 76 sq.). No seu encalce segue, porém, "o grande Rei", Ciro, senhor dos Persas e dos Medos desde a anexação destes em 550, que, após um cerco de duas semanas, toma Sardes e faz Creso seu prisioneiro (1. 84)[10].

Assim, em 546, a Lídia passava a fazer parte de um império persa que via os seus domínios a estenderem-se cada vez mais, para ocidente – com as conquistas da Lídia e de cidades gregas da Ásia Menor, estas delegadas em Mazares e Hárpago (1. 141-76) – e para oriente – com a primeira tomada da capital assíria, a rica Babilónia (1. 178) e a fatídica expedição contra os Masságetas, tribo da zona de fronteira do nordeste do actual Irão (1. 201-14). Para as populações gregas da Ásia Menor, os Iónios, a mudança de senhores acarretou algumas alterações do ponto de vista económico, político ou até mesmo social, que deixaram as populações insatisfeitas. O facto de serem uma pequena parcela do território (que ligava o Egeu ao Índico) de um monarca distante e senhor de muitos povos, limita o papel dos Iónios ao de mais um tributário[11].

Com a morte de Ciro (530), os destinos da Pérsia passam para as mãos de seu filho, Cambises. A política expansionista estende agora os seus tentáculos para o Egipto, plano herdado do pai (1. 153. 4 e 2. 1).

---

terrestre em dois contingentes, um com destino à conquista dos povos da Dórida, Fócida e Beócia – chefiado pessoalmente por si – e outro com o objectivo de tomar e saquear o próprio templo (8. 35).

[10] Foi com a queda de Ecbátana, capital da Média, e a destituição do seu rei, Astíages, avô de Ciro, que terminou o império medo, pelo que passamos a falar de medo-persas (1. 123-30). Voltaria a registar-se uma nova tentativa de restaurar a monarquia meda após a morte, sem descendentes, de Cambises (em 522), assunto a que voltaremos de seguida.

[11] Do ponto de vista político, os tiranos que governavam as suas cidades passam a estar na dependência dos sátrapas persas designados para cada uma das circunscrições administrativas, as satrapias. Estas, por sua vez, recebem um aumento de população com a vinda de colonos. Mas a fragilidade comercial que as potências comerciais da Ásia Menor começam a viver resulta tanto do controle persa exercido no acesso ao Mar Negro, como da concorrência exercida por outro povo aliado do persa, os Fenícios, senhores antigos do domínio nos mares. Para uma informação completa dos títulos aconselháveis sobre esta matéria e a visão que Heródoto dá dos Iónios, consulte-se D. Gillis, *Collaboration with the Persians*, Historia Einzelshriften 34 (Wiesbaden 1979) 1-13, com uma vasta bibliografia nas notas de rodapé.

Ainda que indirectamente, esta é mais uma seta disferida contra os Gregos, pois anexar a pátria do Nilo era também uma medida preventiva contra uma eventual aliança dos Egípcios com os estados da Iónia. Em trágicos fracassos redundaram as campanhas contra os povos do deserto, na Etiópia e em Ámon (3. 25 sq.)[12]. Mas a imagem que Heródoto dá do rei é, sobretudo, a de um homem demente, cuja loucura o leva a cometer verdadeiros actos de crueldade e sadismo[13]. Do vasto rol dos seus crimes recorde-se, a título de exemplo, o assassínio do irmão, por ver nele um usurpador (3. 30), os casamentos com as duas irmãs, matando a primeira bem como ao filho que trazia no ventre, para poder desposar a segunda (3. 31 sq.)[14]. Falecendo sem descendência, Cambises permitiu, ainda durante a sua ausência no Egipto, que o trono fosse ocupado por um Mago, voltando o governo do império persa às mãos dos Médios (3. 61--4). Esse golpe foi, contudo, demasiado fugaz para ser significativo (de meados de Março a finais de Setembro do mesmo ano). O poder dos Aqueménidas é de novo restaurado por Dario e pelos seis conjurados, que eliminaram o sacerdote médio (3. 61-87).

A imagem que os próprios Persas, segundo o testemunho de Heródoto, deixaram dos seus monarcas, serve de mote à introdução do percurso político de mais um rei, ao mesmo tempo que sintetiza o dos anteriores:

Por causa desta requisição do tributo e de outras leis semelhantes, dizem os Persas que Dario era um comerciante, Cambises um déspota e

---

[12] Na sua imoderada ambição de conquista, Cambises chefia uma campanha contra os Etíopes, sem tomar as necessárias medidas de aprovisionamento. Esgotados os alimentos, os soldados começam por comer as bestas de carga, passam às ervas, mas, quando são surpreendidos pela esterilidade do deserto, alguns cometem o 'acto abominável' (*deinon ergon*, 3. 25. 6) – palavras do autor – de sortear um de um grupo de dez homens para lhes servir de refeição. Quanto ao contingente que seguira para Ámon, o seu destino foi igualmente terrível, colhidos em pleno deserto por uma tempestade de areia, desapareceram sem deixar rasto.

[13] Sobre o retrato herodotiano de Cambises como um "rei louco", leia-se M. F. Silva, "Cambises no Egipto. Crónica de um rei louco", in J. A. Sanchez Marin, J. Lens Tuero, C. L. Rodríguez (edd.), *Historiografía y bibliografía*, (Madrid 1997) 1-14.

[14] No âmbito da nossa dissertação de doutoramento, tivemos oportunidade de reflectir com maior pormenor o peso determinante ocupado pela perpetuação gratuita de crimes no desenho de um Cambises dominado pelo excesso (*hybris*), mas condenado a pagar com a vida todas as suas culpas (vd. C. Soares, *A morte em Heródoto. Valores universais e particularismos étnicos*. Edição policopiada. Coimbra 2001, 347-66).

Ciro um pai: o primeiro porque de tudo fazia comércio; o segundo porque era duro e desprezível; o último porque era benevolente e lhes proporcionava todos os bens.

(3. 89. 3)[15]

  Se este testemunho enfatiza o desempenho político-administrativo de Dario, não menos importante foi o impulso decisivo que impôs à subjugação dos povos gregos. Só para se fazer uma ideia da importância que teve à frente do trono persa, note-se que a sua história ocupa a segunda parte do livro terceiro, ao longo dos livros IV, V e VI está sempre presente e é ainda evocado nos parágrafos iniciais do sétimo. Depois de efectuar, nos primeiros anos do seu reinado, a segunda conquista da Babilónia (3. 118-60), volta-se para os Citas (4. 122-36) e para os Gregos das ilhas do Egeu. Samos, Lesbos e Quios são capturadas provavelmente em 517. Obedecendo a um plano concertado de ataque à Grécia, Megabazo toma a Trácia em 512/11 e o rei da Macedónia, Amintas, coloca-se espontaneamente sob o domínio persa. Se tivermos em conta a política de recompensa dos Gregos que se mostravam fiéis ao Rei, esta era sem dúvida a atitude mais fácil de tomar[16]. Mas entretanto os Gregos da Ásia Menor começam a evidenciar nítidos sinais de ruptura com o poder central e o descontentamento vivido ganha proporções de oposição declarada à presença persa. Essas perturbações, que ficaram conhecidas por Revolta da Iónia (5. 28-126), arrastaram-se por cinco longos anos (499-94). Como mentor desses movimentos surgiu Aristágoras, tirano de Mileto. A sua estratégia passou pela expulsão dos tiranos pró-persas, pelo repatriamento dos deportados e por uma ofensiva militar ao conquistador. O alvo é Sardes, mas para conquistá-la precisou do apoio de cidades do continente. Perante a recusa espartana, valeram-lhe como aliadas Atenas e Erétria. O incêndio de Sardes (em 498) ficará para Xerxes como uma afronta, que, como veremos no decurso deste Livro VIII, só seria plenamente vingada quando infligisse um tratamento igual à grande responsável moral e efectiva daquele desastre: Atenas (cap. 68 a 2). Contudo o Persa, ou Bárbaro – como chamam os Gregos a todos os que não falam a sua língua – acaba por vencer os insurrectos da costa asiática, na batalha de

---

[15] Tradução de C. Abranches, in *Heródoto. Histórias, livro 3º*. O autor refere-se ao tributo fixado por Dario, que os povos das vinte satrapias em que dividira o reino deviam pagar. Para além do sistema de contribuições e impostos por ele criado (3. 89-96), estabeleceu ainda um imposto sobre o uso das águas (3. 117).

[16] Dario fazia-os tiranos das suas cidades e presenteava-os com território, como foi o caso paradigmático de Histieu de Mileto (5. 23), berço da revolta iónica.

Lade (6. 7-17). O marco dessa 'recondução à ordem' foi, sem dúvida, a capitulação de Mileto, sitiada por terra e mar, no Outono de 494 (6. 18--21)[17]. Da influência que teve a revolta iónica para o desenvolvimento dos planos persas, dá conta T. C. Young, ao afirmar: "Assim, as batalhas de Maratona, das Termópilas, de Salamina e de Plateias podem ser encaradas como resultados directos da Revolta da Iónia"[18]. O próprio historiador notou esse laço de causalidade, ao declarar que os barcos enviados por Atenas para auxiliar os Gregos do outro lado do Egeu eram *o começo de desgraças para Gregos e Bárbaros* (5. 97. 3).

No seguimento destes eventos, aquela que ficou conhecida como a I Guerra Medo-Persa, teve por finalidade o domínio do Egeu (494-90). Para além da conquista de vários pontos nas ilhas, como a ilha de Naxos e Erétria (em Eubeia), no Verão de 490, a batalha que verdadeiramente assinala esta etapa no afrontamento Oriente/Ocidente é a de Maratona, que teve lugar em Setembro do mesmo ano[19]. Quem assumiu a responsabilidade de fazer frente aos Bárbaros foram aqueles que, pela proximidade territorial, mais ameaçados se sentiam: os Atenienses. De novo os Espartanos – desta vez desculpando-se com a realização dos Jogos Olímpicos e dos festivais de Carneia[20], celebrados por ocasião das vindimas – recusam o seu apoio. Apenas os Plateenses enviam um contingente de hoplitas, para reforçar as falanges atenienses. O comandante da expedição grega era o ateniense Milcíades e esta batalha serviu de elemento de propaganda política da imagem de uma Atenas defensora do pan-helenismo, daquilo que em termos modernos se designaria por unidade supranacional dos Gregos. Comandados pelo cunhado do Rei, Mardónio, os Persas saem derrotados, mas o seu domínio no Egeu não é ameaçado, conforme provou a arremetida fracassada do general ateniense contra Paros (6. 132-6), segunda ilha das Cíclades em importância a seguir a Naxos[21].

---

[17] Para uma informação mais completa sobre este assunto, relativamente introdutório ao tratado no Livro VIII de Heródoto, pode consultar-se D. Gillis, *Collaboration with the Persians*, 14-25; O. Murray, "The Ionian revolt", in *CAH* 2IV, 461-90; J. R. Ferreira, D. F. Leão, *Heródoto. Histórias, livro 6º*, Lisboa 2000, 15-20.

[18] *CAH* 2IV, 69.

[19] Considerando que a batalha de Maratona foi causada pela participação de Atenas na Revolta da Iónia e que despoletou, por sua vez, a expedição de Xerxes, H. R. Immerwahr encara, pelo contrário, esse confronto, chefiado por Dátis e Artafernes como um antecedente das Guerras Medo-Persas e não como uma etapa delas (*Form and thought*, 248 sq.). Para um estudo mais detido sobre a importância da Batalha de Maratona e sua utilização política, leia-se a introdução a *Heródoto. Histórias, livro 6º*, 20-8.

[20] *Vide* o comentário ao texto, cap. 72, nota 146.

[21] Cfr. *infra* capítulo 67, nota 132.

Com a morte de Dario, em 486, é o seu filho Xerxes quem lhe sucede no comando dos destinos da Pérsia. A tradição (νόμος) persa obrigava o novo rei a aumentar o império herdado, seguindo o exemplo dos seus antecessores (7. 8 α 1-2)[22]. A essa mentalidade da corte persa aliam-se os desmedidos desejos de subjugação definitiva do inimigo grego. Indicadores de que o monarca conduz uma empresa desmesurada é o facto de o governo persa ter por limites apenas o céu, senhorio de Zeus (7. 8 c 1). Na versão de Heródoto e segundo a prática comum entre os Gregos de avaliar os acontecimentos à luz da mentalidade da época, Xerxes é, desse modo, um exemplo vivo da insolência (*hybris*), a quem a cegueira (*atê*) conduzirá irremediavelmente para a queda[23]. Só a título ilustrativo de uma certa veia megalómana recordemos as grilhetas que ordenou que fossem atiradas ao mar e as 300 chibatadas que lhe mandou dar por responsabilizar esse elemento natural pela destruição das pontes construídas sobre o Helesponto de modo a permitir a travessia dos Bárbaros para a Europa[24]. Ambos os actos são classificados de bárbaros e insolentes: βάρβαρά τε καὶ ἀτάσυαλα (7. 35. 2). Significativo de uma mal disfarçada *megalophrosyne* (7. 132. 2), ou orgulho desmedido,

---

[22] Este conselho deu-o também Atossa a Dario (3. 134). Cfr. J. Evans, "The dream of Xerxes and the nómoç of the Persians", *CJ* 57 (1961) 109-11. Entre os seus conselheiros mais próximos, o tio Artabano e o cunhado Mardónio, verifica-se a cisão em dois partidos distintos quanto à política militar a seguir pelo rei. Enquanto aquele se opõe à proposta de atacar a Grécia (7. 18. 4), este e os restantes nobres acolhem o projecto com verdadeiro entusiasmo (7. 19. 2).

[23] Para um retrato de Xerxes, considerado como o representante tipo do Persa, tanto em magnificência como em crueldade, e como o protótipo do tirano, mais dominado pela paixão do que pela razão, veja-se H. R. Immerwahr, *Form and thought*, 176-83. Uma perspectiva diferente apresenta K. H. Waters, para quem a tónica da caracterização do monarca e da sua empresa não passa tanto por essa leitura fatalista, herdada da tragédia, mas, pelo contrário, considera que Heródoto quis destacar como promissora a planificação da estratégia militar persa. Daí as suas palavras na p. 63: "A magnificência do exército e a maravilha das realizações de engenharia pretendem mostrar que a expedição estava destinada ao sucesso, não que estava condenada desde o início, como o capricho insolente de um déspota impulsivo" (*Herodotos on tyrants*). Em Ésquilo, Xerxes era o governante obstinado e impetuoso, ambicionando aumentar o império herdado e rivalizar com os grandes feitos de Dario (*Persas*, vv. 754-8). Uma outra imagem é a que nos legou Platão, onde Xerxes é um monarca afectado, em contraste nítido com Dario, um homem forte e autoconfiante (*Leis* 694-5).

[24] Os anteriores monarcas também deram prova simbólica do carácter desmedido das suas empresas ao transpôrem elementos naturais de fronteira entre os territórios de povos independentes, como são os rios, os mares ou até mesmo os desertos. Assim fizeram o rei lídio, Creso, quando atravessou o Hális, para penetrar no domínio persa (1. 75. 3-6); Ciro, ao castigar o Gindes, quebrando o ímpeto das suas águas com construção de vários canais, por este ter arrastado um dos cavalos sagrados que o acompanhavam (1. 189 sq.);

no livro em análise, é o episódio em que se exibem os mortos no desfiladeiro das Termópilas. O Rei convidou os aliados da sua frota a contemplar semelhante espectáculo, com o intuito expresso de fazer notar o poderio dos Persas. Mas a mensagem sub-repticiamente transmitida é ainda outra: animar os seus homens com um desastre evidente do inimigo e desencorajar eventuais deserções por parte dos aliados. Contudo não passou despercebido, a quem se deslocou ao local, o dolo do monarca. A verdade é que, a fim de acentuar a derrota grega, deixara a descoberto apenas uma parcela mínima das baixas sofridas pelas suas falanges (8. 24). Antes porém da megacampanha conduzida contra os Gregos do continente[25], as acções militares destinaram-se a conter a revolta de dois territórios já conquistados pelos seus antecessores: o Egipto, cerca de 485 e a Babilónia, provavelmente entre os anos 484/81.

A segunda Guerra Medo-Persa

No livro VIII relatam-se as várias etapas dos confrontos entre Persas e Gregos no ano de 480, de que se destacam as batalhas navais do Artemísio e de Salamina, separadas entre si por um intervalo de cerca de dez dias. O desfiladeiro das Termópilas é ultrapassado pelo Bárbaro no dia 19 de Setembro e a 29 do mesmo mês dá-se a naumaquia na ilha de Salamina[26]. Paralelamente, decorrem as acções dos exércitos de terra. E

---

a igual controlo sujeita o Eufrates, facilitando, desse modo, a entrada em Babilónia (1. 190 sq.); a morte surpreende-lo-á, depois de atravessar o Araxes, penetrando em território massageta (1. 209. 1); a Cambises é o mar que o separa de Cartago, cuja empresa não chega a realizar-se (3. 19), e o deserto da Etiópia e de Ámon, resultando ambas as expedições em profundas baixas entre os seus homens (3. 25 sq.). Dentro da mesma linha, a construção de um canal através do monte Atos, por ordem de Xerxes, pareceu a Heródoto uma obra algo excessiva (7. 24. 1). Defensor da interpretação do motivo da travessia do rio como sinal da *hybris* do agressor, H. R. Immerwahr (*Form and thought*, 84 e n. 17; p. 293 e n. 162) é contestado por K. H. Waters, para quem o papel desempenhado pelos rios é apenas o de natural fronteira política entre os povos e obstáculo ao avanço do exército invasor (*Herodotos on tyrants*, 51 e n. 14).

[25] Heródoto contabiliza em 5 283 220 o número de efectivos dos exércitos de terra e mar de Xerxes. Na opinião de J. A. R. Munro, este quantitativo está nitidamente inflacionado, correspondendo o valor mais aproximado da realidade a 180 000 combatentes em terra e 730 navios no mar (in *CAH* IIV, 271-7).

[26] Para uma visão detalhada da cronologia das diversas fases da guerra, veja-se C. Hignett, *Xerxes' invasion of Greece* (Oxford 1963) 379-85. Opinião diversa sobre as datas dos combates navais aqui descritos oferece P. Green: a frota persa parte de Histieia para Falero a 26 de Agosto, os Gregos reúnem-se em Salamina a 27 de Agosto e a batalha trava-se a 20 de Setembro (*The year of Salamis*, 480-479 B. C., London 1970, 162-98).

aqui o destaque vai para, do lado persa, a razia das regiões que levam das Termópilas, na Dórida, até à Ática, com a tomada incondicional de Atenas, e, do lado grego, a concentração dos povos do Peloponeso no Istmo de Corinto, onde empreendem a construção de uma muralha, destinada a barrar o avanço do inimigo sobre o seu território.

H. R. Immerwahr é, uma vez mais, o autor que alerta quer para o papel de relevo que as narrativas de batalhas assumem na história de Heródoto[27], quer para a existência de uma estratégia discursiva, que consiste em descrever em paralelo uma batalha naval com uma terrestre. Essa simetria narrativa espelha-se na apresentação de um confronto em terra e outro no mar, antes (Termópilas, 7. 201-93; Artemísio, 8. 1-26) e depois (Plateias, 9. 19-89; Mícale, 9. 90-106) de Salamina[28]. Cingindo-nos aos quadros bélicos do livro VIII, a alternância entre confrontos terrestres e navais e o paralelismo no progresso dos contingentes num e noutro terreno esquematizam-se do seguinte modo:

8. 1-26: confrontos no mar (Artemísio);

8. 27-39: avanço dos dois contingentes do exército de terra bárbaro, para a Beócia e para Delfos;

8. 40-125: batalha naval (Salamina).

Por uma questão de maior clareza de exposição vamos analisar separadamente os eventos principais, sem, contudo, obliterar ou até mesmo deixar de vincar a relação intrincada que se estabelecia entre os movimentos concertados das tropas de um e outro lado, em ambas as frentes. Antes, porém, convirá rever a evolução económica por que passou Atenas, situação que lhe permitiu ser exaltada pelo autor como a salvadora da Hélade, estatuto garantido pela participação da sua frota na defesa contra o Bárbaro.

1. Formação da frota ateniense

Heródoto afirma, no cap. 144 do livro VII, que foi a guerra contra Egina que impeliu os Atenienses a serem marinheiros. Essa renovação

---

[27] Conforme resume: "Uma vez que a história é para Heródoto em primeiro lugar a história da acção, as descrições de batalhas ocupam necessariamente o centro espiritual da sua obra" (*Form and thought*, 238).

[28] Immerwahr (*Form and thought*, 255). O helenista dedica mesmo o cap. VI do seu livro à análise das principais batalhas das Guerras Persas. Waters, por seu turno, considera que Heródoto se limitou a obedecer à cronologia das batalhas e não as apresenta pela ordem em que o faz por pressupor qualquer esquema narrativo, onde Salamina se destaque pela sua centralidade (*Herodotos on tyrants*, 127).

resultou da intervenção de Temístocles, que propôs aos Atenienses a utilização dos lucros das minas de prata de Láurion na construção de uma frota, em vez de, como estava previamente estabelecido, se proceder à sua distribuição pelos cidadãos[29]. Esse confronto, que tinha por base a disputa das rotas comerciais, desenrolou-se tanto no Golfo Sarónico, espaço de acesso aos portos áticos e a Egina, como nas regiões costeiras, palco de ataques surpresa. Na ocasião, Atenas teve por aliada uma outra potência que se movimentava na mesma zona, Corinto, com o seu porto de Cêncreas a dar para as referidas águas; ao passo que Egina viu reforçada a sua frente com 100 voluntários argivos[30]. Conforme sublinha Tucídides (1. 14. 3), Egina provava, nos anos de 486-4, a sua superioridade naval face a Atenas. Já dez anos antes fora o mesmo Temístocles, então arconte (em 493/92), a apresentar o projecto de proceder a obras de melhoramento no Pireu, o porto de Atenas, como se previsse os planos futuros.

Parece, pois, ser historicamente mais correcto fazer derivar a criação de uma frota poderosa em Atenas (entre 482-81), com um total de 200 navios a combater em Salamina, de conflitos internos à Hélade do que reduzir essa medida a uma ameaça persa, apesar de tudo, ainda distante no terreno (encontrando-se do outro lado do mar Egeu, no Helesponto)[31]. Mas não esqueçamos que a batalha de Maratona, cidade vizinha de Atenas, servira para mostrar a facilidade com que os Persas, vindos pelo mar, aportaram em Falero. Embora os Atenienses tenham, sob comando do general Milcíades, saído vitoriosos, não deixou de se tornar evidente a fragilidade da sua resistência a um futuro ataque de forças navais. Foi ainda sob a chefia deste mesmo estratego que, com a expedição fracassada a Paros (em 489), se acentuou ainda mais a impotência da frota de Atenas. É, portanto, da conjugação destes dois factores, a necessidade de fazer frente à ilha rival e a falta de barcos para proteger devidamente a costa, que nasce o projecto de Temístocles.

---

[29] Os lucros seriam no valor de 50 talentos (5. 97. 2 e 7. 144. 1) e não de 100, conforme propõe Aristóteles (*Constituição ateniense* 22. 7). *Vide CAH* 2IV, 525. Cfr. *infra*, cap. 1, nota 1.

[30] Em 491 Egina realizara mesmo manobras militares contra Atenas, matéria que N. G. L. Hammond analisa no seguinte estudo: "Studies in Greek chronology of the sixth and fifth centuries b. C.", *Historia* 4 (1955) 371-411. Sobre o conflito de Egina e Atenas veja--se L. H. Jeffrey, "Greece before the Persian invasion: VIII Aegina", in *CAH* 2IV, 364-7.

[31] Parte das reflexões que se tecem sobre esta matéria ficam a dever-se às propostas apresentadas por J. Wolski em: "Thémistocle, la construction de la flotte athénienne et la situation internationale en Méditerranée", *RSA* 13-14 (1983-84) 179-92.

norte de Eubeia, ser um ponto estratégico para evitar a entrada dos Persas na Grécia central através daquela mesma ilha. Guardado o acesso às Termópilas tanto a norte, pelo Golfo Malíaco, como a sul, através do Euripo, os guerreiros de Xerxes nas Termópilas não poderiam contar com o auxílio da sua armada, caso viessem a necessitar dela. Que fazia parte da estratégia grega, bem como da persa, a inter-ajuda entre o exército de terra e a armada, prova-o a existência de um barco de uma e de outra parte das frentes de combate, pronto a avisar os camaradas da evolução dos acontecimentos. Foi assim que os Gregos estacionados no Artemísio ficaram a saber do desastre sofrido pelos homens de Leónidas nas Termópilas (8. 21). O plano grego, se tivesse resultado, teria assegurado, pelo menos naquela fase, a integridade da Grécia, quer por mar quer por terra.

A verdade é que a armada persa acompanhava de perto os seus soldados. Partindo onze dias depois destes do porto de Terma, na Macedónia, vem estacionar em Afetas, na Magnésia, quinze dias mais tarde. As armadas inimigas estavam assim de frente uma para a outra, controlando-se mutuamente. Os capítulos 1 a 23 do presente livro são dedicados ao relato dos três dias que mediaram entre a chegada dos Persas e a retirada dos Gregos (17 a 19 de Setembro). Ao levar os seus barcos para junto do Euripo (7. 183. 1) – deixando o vasto espaço, de cerca de 11 km, que vai da costa de Afetas, porto dos Persas, ao Artemísio – Euribíades opta por um terreno mais propício, porque mais estreito (cerca de 60 m de largura). Esta mudança derivava do perigo que constitui enfrentar um inimigo mais veloz (não estava esquecida a fácil captura de três barcos--vigias pelos inimigos) e mais numeroso num local que permitisse manobras rápidas (relatada em 7. 179-82). Quando o general regressa ao posto inicial, no norte de Eubeia, é porque as notícias da tempestade, que durante três dias fustigara a armada persa (7. 190), faziam-no acreditar que seriam bem menos os inimigos a enfrentar (7. 192).

Já desde a épica homérica, a descrição de uma batalha apresenta--se como uma 'cena típica', ou seja, caracterizada por um conteúdo temático estandardizado[34]. Os itens comuns a este quadro e ao de Salamina são:

---

[34] Cfr. B. Fenik, *Typical battle scenes in the* Iliad. *Studies in the narrative techniques of Homeric battle description* (Wiesbaden 1968) com especial destaque para as pp. 1-8, onde se encontra uma definição desenvolvida do conceito *typical scene*. Tivemos já oportunidade de reflectir sobre as descrições de batalhas como cenas típicas num estudo intitulado "O confronto de exércitos em Eurípides: a retórica do extra-cénico", in *A retórica greco-latina e a sua perenidade*. Actas do Congresso. Instituto de Estudos Clássicos. Faculdade de Letras. Universidade de Coimbra. 11 a 14 de Março de 1997. Vol. I (Fundação Eng. António de Almeida, Março 2000) 217-25.

Devemos ainda considerar o aparecimento da frota grega na sua relação directa com o desenvolvimento comercial que atinge a cidade de Atenas ao longo do séc. VI. A prosperidade económica chega à pólis de Palas, primeiramente sob o impulso das reformas de Sólon (arconte em 594-93). Das várias medidas adoptadas pelo legislador interessa-nos apenas salientar as que vieram incentivar a indústria, contribuíndo, assim, para a implementação do comércio: dignificação do mester de artesão e necessidade da transmissão do ofício de pais para filhos; medidas de apoio à fixação de artífices estrangeiros em Atenas[32]. Será, contudo, no tempo de Pisístrato (546-34) que se começam a colher os frutos do desenvolvimento da produção cerâmica, com os vasos atenienses a chegarem aos mercados do Mediterrâneo. A livre concorrência fez, no entanto, despertar, ou acentuar, rivalidades com as outras cidades exportadoras de vasos, Corinto, Egina e Esparta[33]. Do ponto de vista político, o regime democrático, com o povo por soberano e o voto por arma, favorece a aprovação dos planos de Temístocles, o estratego a quem, aliás, se atribui a aplicação do método de tiragem à sorte para o acesso ao arcontado (488/87), naturalmente popular entre as massas.

2. Confrontos no Artemísio

Retomemos a narrativa do livro VIII de Heródoto. Com a infantaria espartana situada nas Termópilas, a frota grega escolhe para atracar uma praia da ilha Eubeia, fronteiriça à costa este do continente. Esse posto oferecia as vantagens de permitir um contacto entre os dois exércitos gregos (7. 175), de, pelas características da sua costa escarpada e baía estreita, ser um bom abrigo para os barcos e de, pela localização a

---

[32] Sobre as reformas de Sólon, leia-se: N. G. L. Hammond, *Studies in Greek History* (Oxford 1973), cap. 5 e 6, 104-169; A. Masaracchia, *Solone* (Firenze 1958), sobretudo 127-180; V. Ehrenberg, *From Solon to Socrates* (London 21993.) cap. 3, 50-76; J. R. Ferreira, *Da Atenas do séc. VII às reformas de Sólon* (Coimbra 1988); D. F. Leão, *Sólon, ética e política*, dissertação de doutoramento apresentada à Faculdade de Letras de Coimbra (Coimbra 2000, edição policopiada) 245-86.

[33] Da cidade aberta e culturalmente dinâmica que era Esparta nos sécs. VII e VI caminhou-se para um fechamento às relações com o exterior, concretizado na sua transformação em 'cidade-quartel'. Essa mudança ter-se-á ficado a dever, muito provavelmente, a perturbações decorrentes da conquista da planície da Messénia (650--20). Como referência bibliográfica sobre Esparta, sugere-se W. G., Forrest, *A history of Sparta 950-192 b. C.* (London 1968), L. Fitzhardinge, *The Spartans* (London 1980) e J. T. Hooker, *The ancient Spartans* (London 1980)

- catálogo das naus (caps. 1-3 e 43-47);
- decisão da estratégia a adoptar (caps. 4-5 e 49-56, 67-69, 74-75 e 78);
- manobras de ambas as partes (caps. 6-7, 9, 15-16, 76, 84-85);
- fenómenos naturais (caps. 12-13, 64);
- *aristeia* ou feitos em combate, individuais (caps. 11, 17, 87-88) e colectivos (caps. 17, 86, 91);
- baixas sofridas de ambas as partes (caps. 16, 89)
- comportamentos pós-batalha: recolha dos cadáveres e destroços (cap. 18), avaliação dos desempenhos na guerra, com castigo dos cobardes ou censuras aos não aliados (caps. 19-20, 90, 94)[35].

Quanto ao catálogo das naus, é notório que a enumeração dos contingentes que constituem uma armada é um motivo que Heródoto herda da épica (*Ilíada* 2. 484-759)[36]. A tomada de decisão sobre a estratégia militar a seguir raramente colhe o consenso geral. Desde logo porque estão envolvidos povos de pátrias diversas e, portanto, com interesses também eles nem sempre concordantes[37]. E isto tanto se verifica entre os comandantes gregos como entre os tiranos dos aliados do Persa, conforme veremos mais adiante na abordagem feita à batalha de Salamina. De momento (caps. 4-5) a questão coloca-se entre os Helenos. Perante a numerosa frota que vem aportar em Afetas, o receio apodera-se da formação grega. É, sem dúvida, o acentuado particularismo das *póleis* que vem à tona. Se a vontade dos Eubeus consiste em fazer frente

---

[35] Para uma esquematização diferente do *logos* da batalha em geral, veja-se Immerwahr, *Form and thought*, 69 e 263 sq. (para o Artemísio) e 269 sq. (para Salamina).

[36] O apreço por esta convenção narrativa reflectiu-se também no drama, desta feita pela mão de Eurípides (*Ifigénia em Áulide*, vv. 231-95).

[37] Desde os preparativos para enfrentar o inimigo comum, o Persa, os vários estados gregos evidenciavam uma desunião, que poderia ter posto em risco o sucesso obtido em Salamina, caso não fosse superada ou compensada. O mais vivo exemplo da maior importância dada por algumas *póleis* aos seus interesses privados do que à salvação conjunta da Hélade vem espelhado nos resultados obtidos pelas embaixadas gregas que foram requerer alianças: Argos "mediza" (i. e., "toma o partido dos Medos") por causa da sua hostilidade para com Esparta (7. 148-52); o tirano de Siracusa, Gélon, recusa o seu apoio, por não ter sido satisfeita a exigência de lhe ser entregue a chefia das forças gregas (7. 153-67); Corcira decide esperar e ver em que sentido sopram os ventos da vitória (7. 168); Creta abstém-se de lutar por obediência ao oráculo de Delfos, que a aconselhava a evitar uma quarta devastação da sua terra (7. 169-71). Ao que se soma a "medização" dos Tessálios, por decisão dos seus governantes e porque a posição geográfica, em seu entender, a isso os forçava (172-4).

ao inimigo, que têm à porta, lutando pelos seus territórios e familiares (que, numa eventual cedência à proposta contrária, desejam retirar da ilha), os restantes aliados prefeririam recolher à protecção do interior. Coube ao general ateniense Temístocles 'comprar' o apoio do chefe da armada, o espartano Euribíades, e do principal defensor da retirada do Artemísio, o coríntio Adimanto[38].

O plano dos Bárbaros não consistia em atacar de imediato os Gregos, mas, como forma de garantir o seu aniquilamento total e convencidos da vantagem que tirariam da sua superioridade numérica, passava por travar-lhes a retirada para Sul, ocupando os estreitos do Euripo. Para isso foi enviado um contingente de 200 navios, que, colhido por uma terrível tempestade nocturna, acaba por despedaçar-se contra uns recifes (cap. 13). Todavia o primeiro confronto entre esquadrões gregos e persas tivera lugar já antes da notícia deste desastre, que providencialmente tornava mais equilibradas as forças de ambos os lados. Sabedores do risco que corriam ao defrontarem um inimigo com mais unidades e a quem, conforme notámos, favorecia o combate em mar aberto, os Helenos limitaram-se a atacar esquadrões isolados ao cair da noite. A sombra cobria-lhes a retirada, ao mesmo tempo que essas pequenas vitórias tinham um duplo efeito: aumentavam a confiança dos Gregos, mas reduziam a do adversário. Depois de dois dias de ataques a pequenos contingentes persas (entre os quais os Cilícios), a humilhação apodera-se dos generais de Xerxes, que tomam a iniciativa de combater.

Desta forma, os Gregos como que pressionaram o inimigo a avançar para terreno propício às suas naus, ou seja, para junto da costa do Artemísio[39]. A armada grega era maioritariamente composta por trieras ou, na designação latina, trirremes, navios de guerra que se caracterizavam, como indica a própria designação, por terem três níveis sobrepostos de filas de remadores de cada lado. A tripulação ascendia

---

[38] Através das figuras dos seus chefes, evidencia-se a rivalidade comercial que, com o florescimento da cerâmica ateniense e sua exportação, sobretudo durante o séc. VI, abriu a concorrência entre Atenas e Corinto, igualmente famosa pelos seus vasos e domínio dos mares. De facto, sob a tirania de Periandro, Corinto viu-se transformada em potência marítima. Foi ele que mandou construir um porto no Lequeu, servindo o Golfo de Corinto, e o ligou ao porto de Cêncreas, no Golfo Sarónico, através de um caminho por terra (*diolkos*), facilitando a transferência dos barcos de um lado para o outro do Istmo. Vd. R. M. Cook, "Archaic Greek trade: three conjectures", *JHS* 99 (1979) 152 sq. e J. B. Salmon, *Wealthy Corinth* (Oxford 1984) 136-9.

[39] O nome da praia deriva da existência, nas suas imediações, de um templo a Ártemis e corresponde à actual baía de Pevki.

terrestre bárbaro, não fazia mais sentido continuar a guardar Eubeia. A ordem era, por conseguinte, de rumar para Sul, em defesa da Hélade central ameaçada. A virtude deste confronto naval foi dar-se antes de Salamina. Revelou-se, nessa medida, uma experiência frutífera, pois serviu aos Gregos de amostra das tácticas navais persas. Paralelamente, do ponto de vista dos Persas, Salamina teria sido a oportunidade de se vingarem da oposição encontrada no Artemísio (8. 76. 2).

3. Batalha de Salamina

É com a seguinte afirmação de P. Green sempre presente que passaremos a considerar este tema: *Paradoxalmente, e não obstante a sua grande importância, Salamina deve ser encarada como uma das batalhas pior documentadas de toda a história dos combates navais*[43].

A decisão de combater junto aos estreitos de Salamina, no Golfo Sarónico, não fazia parte dos planos de todas as forças gregas que integravam a oposição ao Bárbaro. São o desenvolvimento que toma a guerra e a posição determinada do general ateniense, Temístocles, em travar combate no mar, que conduzem à adopção de semelhante estratégia.

Na verdade, o desastre das Termópilas e o avanço fulminante das tropas de Xerxes pelo interior da Hélade em direcção ao Peloponeso (caps. 31-4) levam os soldados de terra, naturais da região trans-Istmo de Corinto, a tomar uma resolução que veio surpreender os homens da armada: fortificar o Istmo com uma muralha (cap. 40). Aliás, toda a inversão dos planos gregos resultava da estratégia assumida por Cleômbroto, general do exército de terra, irmão de Leónidas (cap. 71). A verdade é que ele deixara o caminho aberto ao Persa em direcção à Ática, quando não fora estacionar os seus homens na Beócia, junto ao porto de Salganeu, na entrada para o Euripo. Extingue-se, portanto, a conjugação de esforços entre a frente terrestre e a naval da Hélade, até então verificada. Esta desarmonia não se verifica, contudo, entre os Persas. Para isso Xerxes faz partir os seus guerreiros por terra três dias antes da frota e esta vem estacionar no Artemísio, depois de ter sido informada por um trânsfuga grego da retirada dos inimigos, donde parte à conquista de algumas das principais cidades costeiras de Eubeia (cap. 23). Assim, quando os navios persas chegam a Falero (cap. 70), já a Ática foi consumida pelas chamas e a cidade dos Atenienses subjugada (caps. 50-56).

---
[43] *The year of Salamis*, 186.

aos 200 homens: 170 remadores, 10 epíbatas, ou soldados, e 4 archeiros[40]. Os navios bárbaros transportavam, além dos marinheiros indígenas, um contingente extra de 30 soldados persas (7. 96. 1 e 184; Tucídides 1. 49. 1-3). Estavam, portanto, mais carregados, o que, naturalmente, dificultava as manobras preferidas para o confronto, o períplo e o *diecplo*, que tiravam vantagem da rapidez e ligeireza dos movimentos[41]. É também por esta razão que o combate em locais apertados favorecia os barcos gregos. Por conseguinte, uma vez que o inimigo demorava mais a manobrar, era facilmente capturado nesse tipo de terreno. Como se verifica pelo contingente reduzido de homens armados que seguia no convés das embarcações gregas, a principal arma ofensiva dos Helenos era o próprio barco, com o seu esporão de metal para perfurar o casco dos navios adversários, desencadeando, desse modo, o naufrágio. É certo que os epíbatas também eram usados, nomeadamente para efeitos defensivos, como é a repressão de uma ofensiva do barco abalroado, que, por várias razões, não foi bem atingido ou, mesmo que o tenha sido, responde ao ataque. A táctica persa consistia em fazer a abordagem dos barcos inimigos, o que conseguiam colocando-se ao seu lado. Portanto em Salamina foi a formação cerrada em círculo, com as proas voltadas para o inimigo, que impediu o típico ataque persa (8. 11. 1)[42].

No terceiro e último dia de combates, os Persas usam o períplo (cap. 16). Quanto aos Gregos, não se afastam muito da costa, obrigando os navios adversários a avançar na sua direcção. Estes acabam por ser vítimas da sua superioridade numérica, pois, apertados num espaço relativamente reduzido para tantas unidades, chocam uns contra os outros, aumentando a quantidade das suas baixas. As expectativas dos Bárbaros saem defraudadas. Não só não conseguiram fazer daquele confronto uma batalha decisiva, como, na ressaca da manhã seguinte, lhes chega a notícia de que o adversário bateu em retirada (cap. 21). Essa decisão inesperada, tanto mais que, num conselho anterior, Temístocles convencera os aliados a permanecer no Artemísio, deriva do desfecho funesto que tiveram os homens de Leónidas nas Termópilas. Aberto o caminho ao exército

---

[40] Ficam a faltar 16 homens, cujas funções no barco se tem alguma dificuldade em identificar. Para uma análise mais detalhada do aparecimento e características da trirreme, bem como das tácticas militares usadas, veja-se J. S. Morrison, J. F. Coates, *The Athenian trireme. The history and reconstruction of an ancient Greek warship* (Cambridge 1986).

[41] O períplo consiste em atacar com os esquadrões em formação de meia-lua, tendo por objectivo rodear o inimigo pelos flancos, deixando-o encerrado no meio de um círculo. Quanto ao *diecplo*, consiste em fazer avançar as linhas da frente através das do adversário, quebrando-lhes os remos. Sobre este assunto, vd. *infra*, comentário ao cap. 9, n. 21.

[42] Cfr. Tucídides 2. 83. 5.

Forçados pelas circunstâncias, os habitantes de Atenas deixaram a sua cidade, procurando refúgio em Trezena ou mesmo na ilha de Salamina. Apenas um punhado de resistentes permaneceu na cidade, a saber: os guardas do tesouro da deusa e alguns outros homens, impelidos pela indigência ou por julgarem ser a paliçada erguida para defesa da Acrópole a "muralha de madeira" que o oráculo anunciava como salvadora (7. 141). A 28 de Setembro a barricada não cede aos ataques dos projécteis incendiados dos Bárbaros, pelo que é a escalada por uma das suas vertentes a solução para a tomada da cidade, a que se seguiu o massacre dos suplicantes, refugiados no templo da deusa, e a destruição total deste. A notícia da desdita de Atenas, apesar de tudo esperada – porque anunciada pelo oráculo e prevista com a fuga dos habitantes da cidade – chega a Salamina durante o primeiro conselho de guerra grego (caps. 49-56). A balança acaba por pender para o lado da proposta de Temístocles; pelo que a armada permanece em Salamina e não se vai juntar aos Peloponésios no Istmo.

Também do lado persa se faz a consulta aos aliados da frota (caps. 67-69). Xerxes decide, a despeito da opinião que mais lhe agradara, a da rainha de Halicarnasso, Artemísia, enfrentar os Gregos no terreno por eles escolhido. O plano inicial do Rei, quando manda avançar os seus barcos na direcção de Salamina, seria fazer com que os Gregos viessem lutar em mar aberto, já fora da protecção dos estreitos formados pela ilha situada entre Falero e Salamina, Psitália (cap. 70). Contudo o inimigo não se revela colaborante e a iniciativa de ataque terá que partir dos Persas, pois só assim se quebrava o impasse a que chegaram, o qual, com a aproximação do Outono e o fim da estação navegável à porta, ameaçava contrariar os projectos de Xerxes. O episódio narrado por Heródoto do envio de Sicino, homem de confiança de Temístocles, à presença do monarca persa com o recado do seu senhor, de que os Gregos se preparavam para fugir naquela noite e que podia contar com o apoio do general ateniense (cap. 75), embora possa não passar de uma ficção[44], serve o propósito de, em termos narrativos, dar conta da resolução persa de atacar nos estreitos de Salamina.

A credulidade com que os Persas aceitam as palavras de Temístocles reforça as nossas dúvidas quanto à autenticidade do episódio. O rei persa não deveria aceitar de forma tão ingénua a traição, a chamada "medização", do general dos seus piores inimigos, os Atenienses. De igual modo, a fuga dos Coríntios, na peugada do seu general Adimanto,

---

[44] Hignett, *Xerxes' invasion of Greece*, 229 sq.

no momento em que se verifica a aproximação dos Persas, não deve ser tomada como um sinal de cobardia desse povo – leitura que, como ressalva o próprio historiador, apenas os rivais internos, os Atenienses, faziam (cap. 94) – mas antes como uma manobra destinada a despertar o sinal de ataque dado por Xerxes[45]. Também a recusa do inimigo em lutar no dia anterior poderia ser entendida como um sinal da desunião dos Gregos. Aos olhos de Xerxes, aquela era a confirmação da mensagem de Temístocles: os Gregos desertavam. O sucesso dos seus homens parecia certo. Com o canal de Mégara bloqueado a norte por uma esquadra de 200 navios egípcios, a retirada dos Coríntios na direcção da baía de Elêusis era o caminho para as naus dos Persas. Contudo a derrota destes acabaria por ser fruto da própria lavra. À medida que as esquadrilhas da frente entravam no estreito de Salamina, os que os seguiam de perto, acedendo pelos canais situados dos lados sudoeste e sudeste de Psitália, entupiam por completo essas entradas. No meio da refrega, os Persas desfazem a organização das suas frentes e os navios que estavam na retaguarda, avançando em direcção ao centro, acabam por provocar estragos em unidades aliadas, aumentando em muito as baixas dos seus[46]. Os sobreviventes bárbaros recolhem a Falero, enquanto os Gregos, animados pela vitória alcançada, se encontravam na disposição de continuar a fazer-lhes frente (cap. 96).

 A esfera de acção humana, acabada de descrever nos seus traços gerais e mais relevantes, é interceptada por aquilo que, genericamente, se designa 'manifestações do divino'. A sua principal expressão revela--se nos oráculos, de que o livro VIII nos oferece três exemplares, atribuídos a Bácis e/ou Museu: um tem por destinatários os Eubeus (cap. 20), outro os Gregos (cap. 77) e o terceiro as mulheres de Cólias, cidade situada próximo de Falero (cap. 96). No primeiro caso, alertava-se os habitantes da ilha para a invasão do Bárbaro, aconselhando-os a proteger os seus rebanhos, sinédoque dos próprios bens, que deviam resguardar da rapina do inimigo. Note-se que, neste passo, Heródoto responsabiliza claramente os homens pelo fado que lhes sobrevém e cuja causa última é o desprezo pelas previsões. Por seu lado os Helenos ficam a saber que a vitória sobre o inimigo dar-se-ia junto a uma praia onde havia um templo de Ártemis, ou seja, na ilha de Salamina. A confirmação da derrota dos barcos (os persas, como revelou o percurso da história) é anunciada

---

[45] Cfr. Green, *The year of Salamis*, 187.
[46] Para uma descrição pormenorizada das manobras militares realizadas em Salamina, consulte-se Hammond, *CAH* 2IV, 569-90.

pelo oráculo que prediz que as mulheres de Cólias haviam de acender o lume com remos. A posição do historiador face aos oráculos é, como confirmam estes três, de aceitação, o que não implica a crença num plano divino a orientar a acção humana[47]. Esta desenrola-se por si e não para fazer cumprir a vontade dos deuses.

Ainda inserido no domínio do sobrenatural, aparecem-nos situações que se podem apelidar de 'milagres'. O resultado final dessas manifestações é ou revelar a derrota persa e denunciar a sua conduta errada ou animar os guerreiros ao combate. No cap. 13 relata-se a tempestade que, durante o périplo de Eubeia, colheu as naus persas que vieram a perecer contra os recifes da ilha. Ao contribuir para a diminuição do contingente bárbaro, este desastre é encarado como uma colaboração divina para reduzir a sua superioridade face aos Gregos. Quando uma parte do exército de Xerxes chegou a Delfos para se apoderar das riquezas do oráculo de Apolo, encontrou pela frente a resistência do próprio deus, coadjuvada pelo desempenho de dois hoplitas gigantescos – conforme supuseram as testemunhas que viram as armas sagradas colocadas no exterior do templo, quando estava proibido a qualquer mortal tocar-lhes, e ouviram os gritos de guerra sair do seu interior, estando ele vazio (caps. 36-9). Em Atenas os prodígios não diminuem. Primeiro são os habitantes que se deixam persuadir pela proposta de Temístocles de abandonar a cidade, atitude idêntica à tomada pela própria deusa políade, Atena. Isto porque a serpente que se dizia guardar a sua morada não comera, como de hábito, o bolo de mel que o ritual prescrevia como oferenda (cap. 41). Ainda na Acrópole, os Persas, e muito particularmente Xerxes, vêem sublinhada a vanidade dos seus esforços para aniquilar em definitivo Atenas. Depois do incêndio da parte alta da cidade, ao qual não escapou nem mesmo o lar sagrado de Palas, Xerxes é tomado de receios, ao saber do renascimento da oliveira sagrada da deusa, quando o seu tronco, completamente calcinado, parecia morto (cap. 55). A audição dos cânticos entoados na procissão que ia de Atenas a Elêusis em honra de Íaco, bem como a enorme nuvem de poeira que Demarato e um trânsfuga ateniense avistam para os lados da terra dos cultos mistéricos em honra de Deméter e sua filha, Perséfone, são interpretadas por este como um sinal do apoio divino aos Gregos e de ruína para o Rei (cap. 65). Já no decurso do embate naval de Salamina, diz-se que surgiu uma voz

---

[47] Sobre o significado e tratamento dado por Heródoto aos oráculos, leia-se B. Shimron, *Politics and belief in Herodotus* (Stuttgart 1989) e Th. Harrison, *Divinity and history. The religion of Herodotus* (Oxford 2000) cap. 5, intitulado "Oracles and divination", 122-57.

feminina, que, por ser desconhecida a sua proveniência, se atribui a uma entidade sobrenatural. Esta repreendia aqueles que de entre os aliados helenos empreendiam a fuga, e que, segundo os Atenienses, só podiam ser os antigos rivais de Egina (cap. 84).

Se, como já observou B. Shimron, os acontecimentos dos três primeiros passos são aceites ou não comentados, quanto a estes últimos, Heródoto traduz algumas dúvidas[48]. A diferença de atitude do autor resulta de um dos seus princípios metodológicos e que consiste em contar 'o que foi dito' (τὰ λεγόμενα), sem desprezar o que eventualmente lhe possa parecer menos fiável. Fazendo jus à religiosidade da época, Temístocles há-de reconhecer, no final da batalha de Salamina, que os deuses contribuíram para a vitória da Hélade (8. 109. 3).

Depois do encorajamento proporcionado por uma relativa facilidade na progressão do exército de terra até à tomada de Atenas, donde se destaca a vitória diante dos Espartanos, todos aniquilados no desfiladeiro das Termópilas, a derrota nos estreitos de Salamina anuncia o fim do sonho asiático do expansionismo. Mas será cerca de um ano mais tarde, em 479, que, já com Xerxes de regresso a Susa, os Bárbaros vêem cimentado o desfecho anunciado: vitórias gregas na batalha terrestre de Plateias (Junho) e na batalha naval de Mícale (Julho/Agosto).

Temístocles

Em termos de retrato político, a figura que mais se destaca do panorama da batalha de Salamina é Temístocles[49]. Já desde os confrontos no Artemísio que ele nos aparece como o proponente da táctica do combate naval. Num regime democrático, como o ateniense, ou numa esfera política, como é o Conselho de guerra dos aliados, onde o princípio da maioria funciona, o poder da palavra e a força da persuasão, verbal ou materialmente obtida, são os requisitos exigidos a quem quiser fazer valer as suas propostas. É com essas armas que o general tem de lutar e

---

[48] *Politics and belief in Herodotus*, 37-9.

[49] Para a abordagem de um retrato mais completo do estratego grego, veja-se A. J. Podleckie, *The life of Themistocles. A critical survey of the literary and archaeological evidence* (Montreal 1975); R. J. Lenardon, *The saga of Themistocles* (London 1978); Immerwahr, *Form and Thought*, 223-5. Alguns autores querem ver no testemunho de Heródoto uma imagem desfavorável do general ateniense: C. Guratzsch, "Der Sieger von Salamis", *Klio* 39 (1961) 48-65; W. den Boer, "Themistocles in fifth century historiography", *Mnemosyne* 4º série, 15 (1962) 225-37; C. G. Starr, "Why did the Greeks defeat the Persians", *PP* 17 (1962) 321-32.

fá-lo com um pragmatismo capaz de levantar suspeitas sobre a sua integridade ética. Ainda no Artemísio, é 'comprado' pelo preço de 30 talentos pelos Eubeus para convencer os restantes membros da frota a combater no norte de Eubeia, não deixando o território entregue à razia do Bárbaro; com parte desse mesmo presente, 'compra' o almirante espartano por cinco talentos e Adimanto, o eterno opositor coríntio, por mais três (caps. 4-5)[50]. Esta cedência ao "ganho" vem, assim, acompanhada por preocupações patrióticas, o que nem sempre aconteceria. Ameaçando, a ocultas dos outros generais aliados, cercar e destruir as cidades de alguns insulares, entre os quais se destacam os Pários e os Carístios, caso estes não lhe entregassem determinada quantia em dinheiro, Temístocles parece visar apenas o enriquecimento pessoal (8. 112).

Não podemos, contudo, negar a verdadeira clarividência política do estratego, colocada ao serviço de uma causa patriótica: assegurar a independência da Hélade. A criação de uma frota ateniense, apoiada pela interpretação da referência do oráculo à 'muralha de madeira' como sendo os próprios barcos, é o primeiro indício da sua perspicácia político--estratégica (7. 143-4). Já no terreno, à frente do contingente ateniense que se deslocou ao Artemísio, prevendo o embate com o Persa, procura anular a participação dos Iónios nas linhas do Rei. Para isso deixa-lhes inscrições pelas zonas costeiras de Eubeia, onde os Persas poderiam parar para fazer a aguada, pedindo-lhes que, se não pudessem passar-se para os Gregos durante a refrega, ao menos privassem-se de lutar (8. 22). Mas a prova de fogo do general ateniense será convencer os Peloponésios da armada a não partir para apoiar o exército de terra no Istmo e a combater em Salamina (8. 60, 62, 63). Estes adiantavam que, se fossem vencidos na ilha de Salamina, já não podiam acudir aos seus no Istmo (8. 49); Temístocles contraporá que, se vencerem em Salamina, estão a defender o Istmo, pois impedem que o exército de mar persa vá apoiar o de terra. O Conselho de guerra é ouvido, mas a decisão toma-a Euribíades[51]. Contudo, a figura do chefe supremo da frota acaba por ficar em segundo plano na condução das estratégias. De facto, este

---

[50] Houve quem interpretasse esse suborno como uma alusão ao salário (*misthos*) da frota: G. Cawkwell, "The fall of Themistocles", in B. F. Harris (ed.), *Auckland classical essays presented to E. M. Blaiklock* (Auckland and Oxford 1970) 41 e M. B. Wallace, "Herodotus and Euboia", *Phoenix* 28. 1 (1974) 22-9.

[51] Immerwahr chama a atenção para o facto de ser durante a noite, quando os Conselhos se prolongam, que Temístocles consegue fazer prevalecer a sua opinião (*Form and thought*, 273).

concorda com a proposta do Ateniense, não pelos argumentos que acabou de apresentar, mas pressionado por algo muito mais convincente, a ameaça de abandono dos Atenienses, que, com os seus 180 navios, correspondem a mais de metade do total da frota grega (num total de 378 embarcações; cfr. 8. 43-47). Como já foi referido, será o recurso ao dolo, com o episódio de Sicino, o último trunfo de Temístocles, porém decisivo para obrigar todos os Gregos a combater em Salamina.

No rescaldo da batalha, o general propõe aos aliados destruir as pontes erguidas pelos Persas sobre o Helesponto (8. 108. 2). Vendo o seu plano chumbado pelo Conselho, adapta-se de imediato às circunstâncias, procurando uma via que lhe traga algum proveito. Envia nova mensagem secreta a Xerxes, junto de quem procura insinuar-se, alterando para isso a realidade dos factos. Descobre ao Rei o pretenso projecto grego de destruir a travessia construída sobre o Helesponto, só inviabilizado pela sua própria intervenção (8. 110. 2-3).

Em meu entender, é talvez esta faceta pragmática a responsável pela imagem de 'político dos mil artifícios', capaz de inventar os mais variados estratagemas (cujos contornos chegam mesmo a assomar os raios da corrupção) para fazer vingar os seus planos. Temístocles atinge mesmo o auge da notoriedade, fama que reclama para si e que atira à cara de um inimigo político, Timodemo de Afidnas, quando este menospreza o seu valor pessoal, que os Lacedemónios, ao invés, haviam distinguido com prémios (8. 124 sq.). Mas a evolução dos acontecimentos na cena política ateniense acabaria por provar, uma vez mais, como os sopros da fortuna são inconstantes. O contingente de barcos atenienses enviados para os últimos recontros com o Persa em 479 não lhe é confiado, mas sim a um outro aristocrata, regressado no ano anterior do exílio, Xantipo (8. 131. 2 e 9. 114. 2). Não consegue sequer ser eleito para um dos 10 cargos de estratego daquele ano. Conta-se que terá acabado os seus dias na corte do seu maior adversário, Xerxes, usufruindo dos cuidados que os compatriotas não lhe proporcionaram[52].

Mais do que atribuir a Temístocles o estatuto de figura providencial no combate aos Bárbaros, há que reconhecer nele o pragmatismo do homem de estado, decidido nas suas actuações, mestre hábil da palavra.

---

[52] A verdade é que a vitória de Salamina não era publicamente atribuída à acção individual de um homem, Temístocles, mas à pólis no seu conjunto. Foi assim que ficou imortalizada nas palavras de um dos maiores poetas da Grécia Antiga, Píndaro (fr. 76 Snell).

HISTÓRIAS
Livro VIII
Tradução

Os contingentes que constituíam a frota grega eram os seguintes: 1.1
os Atenienses forneceram cento e vinte e sete navios[1]; foram os habitantes
de Plateias que, embora inexperientes nas artes da navegação, graças à
sua coragem e ao seu zelo ajudaram a equipá-las de tripulantes; os
Coríntios, por sua vez, contribuíram com quarenta navios e os Megarenses
com vinte. Até os Calcídios equiparam vinte embarcações (que os 2
Atenienses lhes ofereceram), os Eginetas dezoito, os Sicíones doze, os
Lacedemónios dez, os Epidaurenses oito, os Erétrios sete, os Trezénios
cinco, os Estírios duas e os habitantes de Ceos dois navios e duas
pentecontas. Em seu auxílio vieram também os Locrenses Opúncios
com cinco pentecontas[2].

Foram estes os povos que combateram no Artemísio[3]. Coube-me a 2.1
mim dizer qual o número de embarcações que cada um ofereceu. A frota
aí reunida, excluídas as pentecontas, era de duzentos e setenta e um

---

[1] Recorde-se que foi da autoria de Temístocles a proposta, aprovada pelos Atenienses em assembleia, de usar a exploração das minas de prata de Láurion para financiar a construção de uma armada de trirremes (7. 144). Assim ficava não só o porto de Atenas, o Pireu, mais resguardado dos constantes ataques que lhe vinham de Egina, como se constituía uma força naval capaz de responder à ameaça persa. Vd. J. Labarbe, *La loi navale de Thémistocle* (Paris 1957) 61 sqq.; J. R. Ferreira, *A Grécia Antiga* (Lisboa 1992) 131 sq.; V. Ehrenberg, *From Solon to Socrates* (London ²1993 reimp.) 148. Para completar o total de 200 embarcações fornecidas por Atenas, faltam as 20 emprestadas aos Calcídios e as 53 que se juntarão mais tarde à frota no Artemísio (8. 14).

[2] A pentecontera era um navio de guerra com 25 remos de cada lado e um porão (*thalamos*) para transporte de haveres.

[3] Fechar um tema da narração com um período que resume o que se acabou de contar é uma forma de discurso que já vem da épica, celebrizado sob a designação de *Ringkomposition*, isto é, 'composição em anel'. Sobre este recurso estilístico e narrativo em Heródoto, veja-se I. Beck, *Die Ringkomposition bei Herodot und ihre Bedeutung für die Beweistechnik* (Hildesheim 1971); K. H. Waters, *Herodotus the historian. His problems,*

2	navios. O comandante supremo da armada, Euribíades, filho de Euriclides, forneceram-no os Espartanos. Isto porque os aliados afirmaram que, se o Lacónio não fosse o comandante, não aceitariam o comando dos Atenienses, mas abandonariam a campanha que se preparava.

3.1	Conta-se que inicialmente, antes de os enviados irem à Sicília propor uma aliança[4], quis-se confiar aos Atenienses o comando das forças navais[5]. Face à oposição dos aliados, os Atenienses cederam às suas exigências. Empenharam-se na salvação da Hélade, pois sabiam que, se

---

methods and originality (London 1985) 62 e Immerwahr, *Form and thought*, 54-8 (e nota 28, para uma resenha bibliogáfica sobre o termo). A frota persa já fora anteriormente apresentada (7. 89-96). O recurso ao catálogo, como notou K. H. Waters, é também uma das técnicas de composição literária recebidas de Homero ("The purpose of dramatisation in Herodotos", *Historia* 15, 1966, 160). Outras são o emprego do discurso directo – forma por excelência da dramatização de eventos – as genealogias, as digressões e a narrativa de factos passados ou em *flash-back*. Note-se que já na Antiguidade o historiador foi tido como 'o mais homérico' de todos os escritores (Longino, *Do sublime*, 13. 3). Esta comunhão formal deve-se, em grande parte, ao facto de ambas as obras se destinarem, com grande probabilidade, a um tipo idêntico de público, um auditório. Para uma reflexão sobre a prática das leituras públicas e os destinatários de Heródoto, leia-se A. Momigliano, "The historians of the classical world and their audiences: some suggestions", *ASNP* (1978) 59-75. O. Murray, "The Ionian Revolt", in *CAH* 2IV, 463, considera que estes aspectos mostram mais do que uma nítida influência de Homero. São, sem dúvida, parte de uma tentativa consciente de apresentar a história das guerras persas como a história de uma nova guerra de Tróia, ganha por uma nova raça de heróis gregos (os Atenienses). Essa aliás parecia ser a base mítico-afectiva de Xerxes para atacar os Gregos, conforme sugere o seu desvio no caminho para o Helesponto. De facto, o rei parou com a companhia que chefiava na acrópole de Tróia, onde sacrificou aos deuses e heróis troianos caídos na defesa da sua pátria (7. 42 sq.).

[4] Estes acontecimentos reportam-se provavelmente a Outubro de 481. Evoca-se a embaixada grega então enviada a Siracusa a solicitar o apoio do tirano local no combate ao Bárbaro (7. 157-62). Gélon ofereceu-se para contribuir com 200 trirremes, 20 000 hoplitas e 2000 cavalos, para além de archeiros e cavalaria ligeira. A contrapartida apresentada para o envio deste apoio era o comando de uma das frentes, a terrestre ou a naval (7. 160). Heródoto conta ainda que Gélon enviou três barcos para observar a evolução da guerra. Caso os Persas ganhassem, o chefe da expedição, Cadmo, devia entregar ao rei, em sinal da submissão de Siracusa, não só as tradicionais oferendas de terra e água, como também uma quantia significativa de dinheiro (7. 163). Na interpretação de D. Asheri, ao tirano, tendo em vista um futuro confronto com os inimigos cartagineses, parecia-lhe mais vantajosa uma aliança com os Persas do que com os Gregos (*CAH* 2IV, 772). Um autor posterior a Heródoto, Timeu (sécs. IV/III), apresenta uma versão ligeiramente diferente da das *Histórias*. O encontro das duas partes ter-se-ia antes dado em Corinto, entre os representantes dos estados gregos e os embaixadores do tirano (in *FGrHist* 566 F 94).

[5] Referência à reunião entre os representantes dos estados gregos que se opunham ao Persa. Este encontro teve lugar no templo de Poséidon em Corinto (7. 145. 1).

lutassem pela chefia, a sua pátria pereceria. E foi acertada a decisão que tomaram. Sem dúvida que a sedição é pior do que a guerra decidida em comum, tal como a guerra é pior do que a paz[6].

Conscientes desta realidade, os Atenienses não se insurgiram contra os que se lhes opuseram. Antes pelo contrário, essa cedência (como acabaram por demonstrá-lo) verificou-se enquanto realmente dependiam deles. De facto, depois de repelirem a ofensiva persa, passaram imediatamente a disputar-lhes a terra[7]. Alegando como pretexto a insolência de Pausânias, retiraram a hegemonia aos Lacedemónios. Mas estes são factos que sucederam mais tarde[8].

Ora os Gregos que tinham vindo para o Artemísio, quando viram uma tal quantidade de navios bárbaros a aportar nas Afetas e a região a ficar repleta de tropas[9], apercebendo-se de que a estratégia dos Bárbaros contrariava todas as expectativas que tinham criado[10], apavorados, discutiam a fuga do Artemísio para o interior da Hélade. Conhecedores,

2

4.1

2

---

[6] Sobre a diferença entre *stasis* (guerra civil) e *polemos* (guerra entre povos) leia-se Platão, *República* 470 c-d.

[7] Alusão às investidas contra a Ásia Menor, a partir de 478/77.

[8] Com as vitórias de Salamina (480) e de Plateias (479), o receio de uma terceira invasão persa não parecia totalmente afastado. Daí que os aliados tenham decidido expulsar os Persas para o mais longe possível das suas fronteiras. O comando das tropas gregas estava entregue ao regente do trono de Esparta, Pausânias. Estacionado em Bizâncio, o chefe do exército mostrava-se demasiado autoritário e muito dialogante com Xerxes. Os aliados denunciam junto de Esparta esta conduta suspeita, acontecimento na sequência do qual Pausânias é chamado à sua cidade. Na Primavera de 477, com a aprovação dos aliados, à excepção dos Lacedemónios, o comando das tropas é transferido para os Atenienses. No seguimento deste dissídio é criada a Simaquia de Delos, organização de carácter militar e político que, tendo por cidade hegemónica Atenas, congregava a maioria das *póleis* do Egeu e destinava-se à defesa contra os Persas. A sua primeira reunião deu-se na Primavera do ano seguinte. Para mais informações sobre este assunto vejam-se Ehrenberg, *From Solon to Socrates*, 192-7, 200-1 e E. Lévy, *La Grèce au Vème siècle. De Clisthène à Socrate* (Paris 1995) 48-55.

[9] O texto de Heródoto parece implicar que o porto de Afetas seria visto pelos Gregos ancorados no Artemísio, ou seja, na costa norte de Eubeia. Contudo a localização precisa de Afetas na costa da Magnésia não colhe um consenso entre os estudiosos. Alguns situam-no na entrada do golfo de Págaso, outros na costa meridional da península magnésia, posição esta mais de acordo com a referência de Heródoto. Vd. C. C. Hignett, *Xerxes' invasion of Greece* (Oxford 1963) 151 e 176 sq.; P. W. Wallace, "Aphetae and the battle of the Artemision", *GRBS* Suppl. 10 (1984) 305-10.

[10] Por saberem da tempestande que se abatera sobre a frota persa ao largo da costa oriental da Magnésia, os Gregos pensavam encontrar em Afetas um número relativamente pequeno de embarcações inimigas (7. 192. 2). Daí a surpresa agora manifestada.

2 porém, de tais deliberações, os Eubeus pediram a Euribíades que aguardasse um pouco, até porem a salvo as crianças e restante família[11]. Uma vez que não o convenceram, voltaram-se para o comandante dos Atenienses, Temístocles, e persuadem-no pelo preço de trinta talentos[12]. Desse modo as tropas mantêm-se nos seus postos e vão travar a batalha naval diante de Eubeia.

5.1 Foi da maneira que a seguir se enuncia que Temístocles apaziguou os Gregos. Daquela soma presenteou Euribíades com cinco talentos – ao que parece como se fosse do seu próprio dinheiro. Persuadido Euribíades, Adimanto, filho de Ócito e general de Corinto, era o único de entre os restantes chefes a protestar vivamente, afirmando que zarparia do Artemísio e que abandonaria a frota[13]. Temístocles, sob juramento,
2 disse-lhe então: "Tu não nos hás-de deixar, uma vez que te vou presentear com ofertas superiores às que o rei dos Medos te enviaria, se, por acaso, tu abandonasses os aliados". Ao mesmo tempo que proferia tais palavras, manda para o navio de Adimanto três talentos de prata.
3 Conquistados com os presentes, esses generais deixaram-se convencer. Para os Eubeus foi grande o regozijo e Temístocles, pessoalmente, saiu a lucrar. Quanto ao resto da prata, escondeu-a, mas os que tinham recebido uma parte dela, pelo seu discurso, ficaram a pensar que aquele pecúlio viera dos Atenienses.

6.1 Assim os Gregos permaneceram em Eubeia, travaram batalha no mar e foi do seguinte modo que as coisas se passaram. Os Bárbaros, quando chegaram às Afetas, por volta do começo da tarde, tendo já sido anteriormente informados de que à volta do Artemísio estavam ancorados

---

[11] A expressão οἴχεται, cujo equivalente latino é *familia*, apresenta um entendimento mais alargado do que o nosso vocábulo 'família'. Nele estão incluídos não só os indivíduos que, vivendo numa mesma casa, têm laços de sangue a uni-los, mas também os seus escravos e qualquer outro tipo de dependentes.

[12] Um talento corresponde a 25, 92 kg, donde a quantidade de prata que lhe teria sido entregue correpondesse a cerca de 777, 5 kg. Macular o carácter do líder ateniense, fazendo assentar a sua conduta militar num acto de corrupção, colheu da parte dos comentadores dois tipos de opinião. Ou a figura de Temístocles está a ser alvo da detracção que a facção aristocrática orientava contra um dos expoentes da democracia em Atenas (vd. Masaracchia, *com. ad loc.*). Ou então mais não é do que uma das muitas fantasias criadas na sequência da sua fuga para junto dos Persas e subsequente estatuto de traidor (vd. How-Wells, *com. ad loc.*). Diferença curiosa oferece, sobre este mesmo episódio, a versão de Plutarco (*Temístocles* 7. 5-7). Aqui o Ateniense é apenas o intermediário entre Euribíades e os Eubeus, a quem entrega o dinheiro, não sendo, por isso, a figura principal do suborno.

[13] Adimanto será o principal opositor da táctica proposta por Temístocles para Salamina (vd. *infra*, caps. 59 e 61).

meia dúzia de navios gregos[14], ao constatarem-no então pessoalmente, desejavam ardentemente atacá-los, para os capturarem. No entanto não lhes parecia ser aquele o momento de investir contra eles de frente. O motivo dessa precaução residia no receio que tinham de que os Gregos, ao vê-los avançar, batessem em retirada, com a noite a cobrir-lhes a fuga. Que iriam mesmo bater em retirada, era certo, mas tornava-se imperioso, na opinião dos Persas, que nem o transportador do fogo sagrado sobrevivesse[15].

2

Foi diante dessa perspectiva que arquitectaram a seguinte estratégia: do total da armada escolheram duzentas embarcações; fizeram-nas seguir ao largo de Cíato e, sem serem vistos pelos inimigos, contornar a ilha Eubeia, junto ao cabo Cafareu e em volta do cabo Geresto, na direcção do Euripo. De maneira que, aí chegados, capturariam os Gregos, cortando-lhes a retirada e atacando-os de frente[16].

7.1

Tomada esta resolução, fizeram partir os barcos seleccionados. Não era sua intenção atacar naquele mesmo dia os Gregos; nem pretendiam agir antes que os companheiros que faziam o périplo, à sua chegada, dessem o sinal combinado[17]. Após a partida das referidas naus, os Bárbaros procederam à contagem das que tinham ficado em Afetas[18].

2

Na ocasião em que efectuavam o recenseamento da frota,

8.1

---

[14] As informações que tinham sobre a armada grega, tinham-nas recebido os Bárbaros dos navios patrulha por eles capturados (7. 179 sq.). A frota persa chega a Afetas apenas 16 dias depois do exército ter partido de Terma (7. 183. 2).

[15] Xenofonte conta que no exército espartano o "transportador do fogo" levava a tocha acesa do altar de Zeus Agetor, destinada ao uso nos sacrifícios militares, e mantinha-a sempre viva (*República dos Lacedemónios* 13. 2-3). O "transportador do fogo", personagem inviolável, era também comum aos Persas. Daí que o presente comentário signifique o seu desejo de arrasar por completo o inimigo.

[16] A medida agora tomada pelos Bárbaros levanta alguns problemas de ordem histórica e táctica. Quanto ao primeiro aspecto, note-se que, se a primeira batalha no Artemísio se tivesse dado na tarde da chegada dos Persas a Afetas – o que não sucedeu – os duzentos navios, partindo nesse mesmo dia, não podiam ter chegado aos recifes de Eubeia na noite do dia seguinte, pois, com o desvio por Cíato, ilha situada a Nordeste daquela, demorariam não menos de 26 horas. Do ponto de vista da estratégia militar, os intentos dos Persas em passar despercebidos aos Gregos e de os surpreender pelas costas sairiam também gorados. Seria praticamente impossível passarem sem que os adversários os vissem, pois a luz da tarde e o reduzido espaço de manobra do estreito não o permitiria. Daí que esta viagem deva ser tida como um entendimento errado de algo que efectivamente aconteceu ou, muito simplesmente, não passar de pura invenção. Os cabos Cafareu e Geresto correspondem, respectivamente, às extremidades sudeste e sudoeste da Ilha Eubeia

[17] A opinião mais consensual (cfr. Hignett, *Xerxes' invasion of Greece*, 381) defende que só dois dias depois de terem chegado às Afetas é que os Gregos atacaram.

[18] Já tinha sido feito um recenseamento anterior dos barcos em Dorisco, num total de 1207 unidades (7. 89-99). O actual surge como um imperativo depois das baixas

2 encontrava-se entre eles Cílias de Cione, o melhor mergulhador de entre os homens de então. Foi ele que, no naufrágio ocorrido em Pélion, não só resgatou muitas riquezas para os Persas, como também se apoderou de uma grande quantidade delas. O mesmo Cílias tinha em mente, desde o começo, desertar para o lado dos Gregos. Só que ainda não lhe surgira essa oportunidade. De que maneira ele se foi então reunir aos Gregos, não posso declará-lo com rigor. Mas admiro-me, se o que se afirma for verdade! Pois bem, conta-se que, tendo mergulhado em Afetas, não emergiu de novo antes de alcançar o Artemísio, percorrendo, assim, o mar por muito mais de 80 estádios[19].

3 Acerca desta figura ainda hoje se contam histórias que parecem fantasias, mas também algumas verdades[20]. Sobre a questão eu, pela minha parte, admitiria que ele atingiu o Artemísio de barco. Mal lá chegou deu de imediato a saber aos comandantes como se dera o naufrágio e informou que tinham sido enviados navios bárbaros para cercar Eubeia.

9 Ouvido este relato, os Gregos deliberaram entre si. Após uma longa discussão, prevalecia a opinião de permanecerem aquele dia onde estavam, ali mesmo acamparem e, passada a meia-noite, se porem em marcha, ao encontro dos barcos que faziam o périplo. Mas como, depois de tomada essa decisão, ninguém vinha atacá-los, aguardaram pelo final da tarde e avançaram eles mesmos contra os Bárbaros. Desejavam pôr à prova a experiência dos inimigos no combate e no uso do *diecplo*[21].

---

sofridas – não menos de 400 – com o naufrágio ocorrido ao largo de Pélion (7. 190). Vide H. Hauben, "The chief commanders of the Persian fleet in 480 B. C.", *AncSoc* 4 (1973) 23-37.

[19] Um estádio corresponde a 185 m, o que perfaz um total de 14.800 m.

[20] Este passo foi nitidamente inspirado em Hesíodo. Apoiando-se nas palavras das Musas do cantor do Hélicon ("Nós sabemos dizer muitas falsidades que se parecem com verdades; / mas também, quando queremos, proclamamos verdades", *Teogonia*, vv. 27 sq., trad. de M. H. Rocha Pereira, in *Hélade. Antologia da cultura grega*, Coimbra, 71999, 92). Pausânias (9. 19. 1-2), Plínio (*História natural* 35. 139) e Apolónides (*Antologia Palatina* 9. 296) compreendem melhor por que razão Cílias e a filha assumiram o papel de lenda com direito a culto. Ambos teriam revelado o seu patriotismo modelar ao cortarem as âncoras dos navios persas, entregando-os, deste modo, mais facilmente ao furor da tempestade. Em reconhecimento da sua coragem, os Anfictíones (*vide infra*, nota 58) ergueram-lhes estátuas em Delfos.

[21] O *diecplo* é aqui apresentado como uma técnica militar persa. O mesmo nome receberia, no decurso da Guerra do Peloponeso, uma táctica naval usada pelos Atenienses e que consistia em penetrar entre dois navios inimigos por forma a quebrar-lhes os remos, prosseguindo o ataque ao adversário pela retaguarda. Sobre esta táctiva naval, vd. J. F. Lazenby, "The diekplous", *G&R* 34 (1987) 169-77. Tratar-se-á de um anacronismo já anteriormente referido por Heródoto em 6. 12. 1 e também explicado por Tucídides em 1. 49. 3 e 7. 36. 4. Cfr. H. French, "Topical influences on Herodotus' narrative", *Mnemosyne* 25 (1972) 20.

Os outros soldados e os generais de Xerxes, ao verem aproximar-se meia dúzia de barcos e tomando-os certamente por loucos, avançaram com as suas naus, na esperança de uma captura fácil. Esse desejo tinha bastantes probabilidades de se concretizar, uma vez que constatavam o número reduzido das unidades gregas e que as suas eram bastantes mais e melhores na arte da navegação. Confiados nessa vantagem, fecharam-nos no interior de um cerco. **10**.1

Todos aqueles, de entre os Iónios, que eram então favoráveis aos Gregos e que os combatiam forçados, ao vê-los cercados e sabendo que nenhum deles sobreviveria, encaravam a situação com grande apreensão. Tão impotentes se lhes afiguravam os recursos dos Gregos! Mas todos aqueles a quem agradava a ruína grega lutavam de maneira a ser cada um deles o primeiro a capturar um barco ateniense e a receber pelo feito um presente do Rei[22]. Era, na verdade, bem conhecida a fama dos Atenienses entre as tropas persas. 2

---

[22] O comportamento dos Gregos da Ásia Menor nas guerras persas resulta do dilema vivido por quem a sujeição ao Rei, depois da Revolta da Iónia em 499-4, era um facto, incapaz, contudo, de fazer esquecer a dívida – de raça, língua, cultura e religião – para os Gregos do continente. A presente observação sobre a existência de dois tipos de Iónios na guerra, um pró-grego e outro pró-persa, faz eco dessa divisão das vontades.

Vejamos, pois, numa breve sinopse, como se desenvolveu a colaboração dos Iónios com as duas partes do conflito. A armada que Dátis trouxe, em 490, para cercar Erétria, vingando-se do auxílio por ela prestado aos revoltosos da iónia, incluía barcos Iónios (6. 98). Parece, porém, ter sido os Persas os únicos responsáveis pela destruição dos templos gregos (6. 101). Quanto a Maratona (6.112-7), o seu papel deve ter ficado cingido ao transporte dos combatentes bárbaros em ambos os sentidos. Nos capítulos iniciais do livro VII, nota-se da parte do rei persa, bem como da do comandante Mardónio (e por contraste com a opinião do tio do monarca, Artabano), que há confiança na lealdade dos Iónios. O evoluir dos acontecimentos veio, todavia, revelar que essa era uma opinião demasiado optimista. Contribuindo com 100 navios para a frota persa de 480 (7. 94), tinham por comandante Ariabignes, meio-irmão de Xerxes (7. 97). Colocar à frente do contingente iónico um membro da sua família é, pelo menos, uma medida de prevenção do Rei. O desempenho dos Iónios nas batalhas navais do Artemísio não terá sido dos mais notórios, pelo que só se faz menção de honra aos Egípcios (8. 17). Aproveitando dessa aparente "indiferença" dos Gregos asiáticos, Temístocles espalha inscrições pelos locais onde a frota persa poderia parar para fazer a aguada, com um apelo, senão ao abandono do partido do Rei, pelo menos a uma abstenção do combate (8. 22). O estratagema do general ateniense não sortiu os resultados desejados, pois contou apenas com a deserção de quatro navios de Naxos (8. 46) e um de Tenos (8. 82). Ocupando a linha de combate de frente para os Lacedemónios, em Salamina os Iónios capturaram muitos barcos atenienses, recebendo os seus capitães por essas façanhas as tão almejadas recompensas (8. 85). Mesmo entre os aliados persas, há quem procure valorizar a sua participação, desfazendo na actuação daqueles que mais vulneráveis lhes pareciam, os Iónios. Os autores da acusação perante Xerxes, os Fenícios, são punidos exemplarmente com a decapitação, por aquilo que o Rei julga ser uma calúnia (vd. *infra*, cap. 90).

43

11.1 Quando aos Gregos foi dado sinal de ataque, primeiro viraram as proas na direcção dos Bárbaros e as popas para o interior. De seguida, estando encerrados num espaço apertado e não tendo uma saída, fizeram-
2 -se à luta[23]. Nessa ocasião capturaram trinta embarcações ao inimigo, bem como Filáon – filho de Quérsio e irmão de Gorgo, rei de Salamina[24] – figura de destaque entre os soldados. O primeiro Grego a tomar uma nau ao inimigo foi um Ateniense, Licomedes, filho de Escreu[25]. Foi ele quem recebeu o prémio da valentia.
3 A aproximação da noite separou os soldados que travavam aquela batalha de êxito incerto. Os Helenos zarparam em direcção ao Artemísio; por seu turno os Bárbaros – que, contrariamente às expectativas, tinham oferecido uma forte resistência – dirigiram-se para Afetas. Neste combate, Antidoro de Lemnos foi o único de entre os Gregos que acompanhavam o Rei a passar-se para o lado dos seus compatriotas. E, em paga desse comportamento, os Gregos ofereceram-lhe uma propriedade em Salamina[26].

12.1 Quando escureceu – e embora se estivesse em plena estação estival – choveu torrencialmente durante toda a noite e, dos lados do Pélion, ouviram-se trovoadas secas[27]. Os cadáveres e os destroços dos navios, por seu turno, eram arrastados na direcção de Afetas, encalhavam nas
2 proas dos navios e agitavam as pás dos remos[28]. Quanto aos soldados que aí se encontravam, ao ouvirem estes barulhos, paralizaram de medo,

---

 Só depois de Salamina uma mudança clara de facção se começa a adivinhar. Sintomas de nova revolta dos Iónios temo-los nos levantamentos em Potideia e Olinto, este cruelmente punido com o massacre da sua população e novo repovoamento com Calcídios (8. 126 sq.). Na lista dos inimigos apresentada para a batalha de Plateias já não há referência aos Iónios (9. 31 sq.) e Heródoto diz mesmo que, no momento em que decorria esse combate em terra, em Mícale, os Iónios, incorporados nas forças de mar gregas, derrotavam os Persas (9. 90). Sobre este assunto veja-se D. Gillis, *Collaboration with the Persians*, Historia Einzelschriften 34 (Wiesbaden 1979) 26-37 e bibliografia indicada nas notas.

 [23] A presente manobra tem por objectivo evitar o *diecplo* e permitir que um reduzido número de embarcações, quando cercado, possa responder ao ataque inimigo. Formando um círculo, com as proas voltadas para o adversário e as popas para o interior, obtém-se um escudo de defesa.

 [24] Cidade cipriota, situada na parte oriental da ilha.

 [25] Apesar de Plutarco colocar este feito de Licomedes na batalha de Salamina (*Temístocles* 15. 3), a versão de Heródoto deve ser a mais correcta (cfr. How-Wells, 238).

 [26] Ao presentear Antidoro com um *klêros*, um lote de terra, parece tornar-se evidente que Atenas possuía um *ager publicus* na ilha de Salamina. Vide M. Moggi, "L' insediamento a Salamina di Antidoro Lemnio", *ASNP* 8 (1978) 1301-11.

 [27] A tempestade vinha de Noroeste, das montanhas da Magnésia.

 [28] Daqui se deduz que, tendo regressado a Afetas, os Persas deixaram os barcos ancorados na água.

na expectativa de, perante tais infortúnios, terem morte certa. Antes de recuperado o fôlego, após o naufrágio e a tempestade que se desencadeara em Pélion, enfrentaram um violento combate naval, no seguimento do qual suportaram ainda fortes chuvas, o ímpeto violento das torrentes correndo para o mar e o ribombar das trovoadas[29].

Eis como estes passaram aquela noite. Mas para os que tinham a missão de fazer o périplo de Eubeia, aquela mesma noite foi ainda mais penosa, na medida em que os surpreendeu em pleno mar e lhes reservou um fim cruel. É que, durante a navegação, desabou sobre eles, quando estavam próximos dos recifes de Eubeia, a intempérie e a chuva; empurrados pelo vento e sem saberem para onde eram arrastados, precipitaram-se contra os rochedos[30]. Tudo sucedeu por desígnio divino, de maneira a igualar a força persa à grega, para que aquela lhe não fosse muito superior[31]. **13**

Esses soldados bárbaros pereceram, portanto, na zona dos recifes de Eubeia. Quanto aos que estavam em Afetas, ficaram satisfeitos quando o dia raiou, deixaram as naus em repouso e, perante o infortúnio que os atingira, contentavam-se com a tranquilidade do momento presente. Os Gregos, por seu lado, recebiam o reforço de cinquenta e três navios áticos[32]. Animou-os a chegada destas embarcações e a notícia simultânea de que os Bárbaros que circumnavegavam Eubeia tinham sido **14.1**

2

---

[29] Por três vezes o exército grego conta com a ajuda de tempestades na vantagem ganha sobre o inimigo. Em 6. 44. 2-3 é o Bóreas, o vento norte, que destrói a armada persa sob comando do seu almirante, Mardónio. No presente passo alude-se às baixas sofridas em Pélion (cfr. 7. 188). Surgirá no capítulo seguinte a justificação de nova intempérie por intervenção da mão divina.

[30] A localização dos recifes de Eubeia é um assunto controverso. Ao que tudo indica, no entanto, situar-se-iam a sudoeste da ilha (vd. Hignett, *Xerxes' invasion of Greece*, 386 sq.). Para uma discussão mais aturada das várias opiniões sobre este assunto, veja-se P. B. Georges, "Saving Herodotus' phenomena: the oracles and the events of 480 B. C.", *CA* 5.1 (1986) 45 sq., nota 69. Do perigo que eles representavam faz-se também eco Eurípides (*Troianas*, v. 84) e Lívio (31. 47). Sobre esta tempestade, leia-se R. Lattimore, "The second storm at Artemisium", *Classical Review* 53 (1939) 57-8.

[31] De acordo com a mentalidade da época, é próprio do conceito de divindade em Heródoto o seu papel nivelador, isto é, que procura anular os excessos (tanto de riqueza, como de felicidade). Vejam-se os exemplos paradigmáticos já apresentados por Heródoto: Creso (1. 30-33 e 86) e Polícrates (3. 39-43). Dentro da mesma linha de pensamento podemos inserir o elogio da isonomia (3. 80. 6), da isegoria (5. 78) e da isocracia (5. 92 a). Quanto ao número de barcos que então constituíam a frota persa não se devia afastar muito das 600 unidades.

[32] Uma vez que Heródoto não indica a proveniência deste novo contingente, há duas hipóteses que os comentadores apresentam como mais plausíveis para a sua origem. Ou trata-se dos navios enviados anteriormente (*supra*, cap. 9) para fazer o périplo de Egina e

45

completamente arrasados pela tempestade que se levantara. Aguardaram, então, pela primeira hora do dia e precipitaram-se sobre algumas naus cilícias. Destruído os barcos, com o cair da noite, deram meia volta e regressaram ao Artemísio.

15.1 Ao terceiro dia os comandantes do exército persa, sentindo-se humilhados pelos maus tratos infligidos por um contingente tão pequeno de barcos e temendo a reacção de Xerxes, não esperaram mais pela iniciativa grega. Muito pelo contrário, realizaram os preparativos necessários e, lá para o meio do dia, fizeram avançar as suas naus. Aconteceu, portanto, que no mesmo dia tiveram lugar os combates navais
2 e os confrontos terrestres das Termópilas[33]. O objecto de disputa era, para os que estavam no mar, a região à volta do Euripo, do mesmo modo que, para os soldados de Leónidas, era a guarda do desfiladeiro. Os Gregos encorajavam-se dizendo que não haviam de deixar os Bárbaros penetrar na Hélade; estes, por seu lado, ganhavam ânimo à ideia de que, depois de destruído o exército grego, se tornariam os senhores do estreito.

16.1 Enquanto as hostes de Xerxes avançavam em formação de combate, os Gregos permaneciam imóveis junto ao Artemísio. Os Bárbaros, porém, dispostos em quarto crescente, rodearam-lhes as naus por forma a cercá-
2 -los. Então os Gregos avançaram e embrenharam-se no combate. Neste as forças ficaram quase equilibradas, pois, devido à sua grandeza e quantidade, o exército de Xerxes sucumbia pelas próprias mãos, já que, em completa desordem, os navios chegavam mesmo a chocar uns contra os outros[34]. No entanto os combatentes mantinham-se resistentes e não
3 cediam. De facto os Persas consideravam uma desonra serem postos em

---

impedir o avanço da frota persa e que, vendo a sua tarefa simplificada pela acção das forças da natureza, estava agora de regresso; ou mais não era do que um contingente que chegara mais tarde, por não ter estado pronto a tempo de partir juntamente com os restantes barcos atenienses para o Artemísio. Esta última hipótese, considerada por Hignett a mais plausível (*Xerxes' invasion of Greece*, 187), é bastante credível. Para isso basta considerar que dificuldades de vária ordem (como a falta de homens para completar a tripulação) podem ter surgido e provocado atrasos num empreendimento que os Atenienses há já três anos tinham em mãos – a criação de uma poderosa frota. P. Georges, contudo, prefere ver nesse novo contingente os barcos que estavam estacionados em Cálcis, de guarda à entrada sul do Euripo ou até mesmo destinados a impedir a entrada no estreito pelo norte (*Barbarian Asia and the Greek experience. From the archaic period to the age of Xenophon*, Baltimore 1994, 49).

[33] O ataque naval persa coincidiu com o terrestre, contra Leónidas e os seus homens nas Termópilas (7. 223. 1).

[34] A indicação de que os Bárbaros perecem pelas suas próprias mãos faz supor que a entrada da baía seria estreita, dificultando, desse modo, o avanço dos barcos e levando ao choque dos que se aventuraram nesse sentido (cfr. Hignett, *Xerxes' invasion of Greece*, 189).

fuga por um punhado de barcos. Muitas embarcações gregas foram destruídas, muitos homens pereceram; mas as perdas dos Bárbaros foram de longe superiores num e noutro caso. E foi nestas circunstâncias que cada um dos adversários se retirou.

Nesse combate, de entre os soldados de Xerxes, foram os Egípcios que se distinguiram. Além de outros feitos notáveis, efectuaram a captura de cinco naus gregas com as respectivas tripulações. Dos Gregos, durante aquele dia, sobressaíram os Atenienses e, de entre eles, Clínias, filho de Alcibíades, que, a expensas suas, chefiava duzentos homens em barco próprio[35].

Depois de se terem separado, foi com satisfação que cada uma das partes se apressou a recolher ao porto. Os Gregos, quando abandonaram o combate em formações separadas estavam de posse dos cadáveres e dos destroços dos navios naufragados. Bastante maltratados, sobretudo os Atenienses (de quem metade dos navios estava danificada), os homens decidiram retirar-se para o interior da Grécia.

Contudo Temístocles pensava que, se isolassem do contingente bárbaro o iónico e o cário, os Gregos poderiam vir a alcançar a supremacia sobre os restantes. Uma vez que os Eubeus conduziam os rebanhos para a costa, reuniu aí os comandantes e confessou-lhes que julgava possuir um expediente através do qual esperava que os melhores aliados do Rei o traíssem. Nessa ocasião não desvendou o seu plano na totalidade, mas revelou-lhes o que devia fazer-se no estado actual da situação: sacrificar quanto se quisesse do gado eubeu, pois era melhor ser o exército grego a apoderar-se dele do que os inimigos. Aconselhou também cada um dos generais a ordenar aos seus homens que mantivessem acesas as fogueiras[36]. Quanto ao momento oportuno da partida, ele próprio zelaria

---

[35] Simónides deixou-nos um epigrama, outrora esculpido numa coluna dedicada a Ártemis Prosea, onde imortaliza o importante contributo prestado pelos Atenienses no alcance da vitória no Artemísio (fr. 27 Page). Plutarco (*Alcibíades* 1.1) identifica Clínias como pai de Alcibíades-o-Antigo, morto na batalha travada em Coroneia contra os Beócios, no ano de 447. A distância de mais de quarenta anos a separar este confronto do do Artemísio parece, no entanto, tornar inverosímil essa correspondência. A figura referida por Heródoto deve ser, preferencialmente, o irmão do avô de Alcibíades. Os cidadãos ricos de Atenas deviam participar no financiamento de determinadas actividades do Estado, exercendo, conforme a designação grega, uma *liturgia*. Eram anualmente nomeados 400 trierarcos, comandantes dos navios, que tinham a seu cargo custear o equipamento de uma trirreme e mantê-la durante um ano apta a participar numa eventual campanha militar.

[36] No contexto de um acampamento militar, o fogo tem por principais utilizações: assinalar a sua presença, afastar visitantes indesejados, confeccionar os alimentos e realizar sacrifícios.

para que regressassem à Grécia ilesos. Agradou-lhes pôr em prática esse plano e, depois de acenderem de imediato as fogueiras, concentraram as atenções nos rebanhos.

20.1 Realmente os Eubeus descuraram o oráculo de Bácis[37]; e como não lhe deram importância, nem colocaram nenhum dos seus haveres a salvo nem fizeram aprovisionamento para a guerra que os esperava. Foram eles próprios, pois, a permitir que as coisas chegassem à situação a que
2 chegaram. Eis o que sobre a questão anunciava o oráculo de Bácis:
"Presta atenção! Quando um homem de língua bárbara
lançar sobre o mar uma ponte de papiro[38],
afasta de Eubeia as cabras de muitos balidos"
Por terem menosprezado estes versos, adveio-lhes – tanto nos males presentes como nos futuros – a provação das maiores desgraças[39].

21.1 Enquanto os Gregos tomavam as medidas anteriormente referidas, chega o espião da Trácia. De facto estivera no Artemísio um observador, Pólias, de origem antícira[40], a quem tinha sido ordenado (tinha mesmo uma embarcação equipada com remos à sua disposição) que, se a armada sofresse algum desaire, avisasse os que se encontravam nas Termópilas. Do mesmo modo Abrónico[41], um Ateniense filho de Lísicles,

---

[37] Tal como Orfeu, Museu e Laio, Bácis era um vate. Havia pelo menos três figuras com esse nome, um da Ática e outro da Arcádia (escólio de Aristófanes, *A paz* 1071), sendo o mais famoso e antigo, o originário de Éleon na Beócia. Heródoto refere-se ainda outras três vezes a Bácis (8. 77 e 96; 9. 43). Uma colecção de oráculos atribuídos a Bácis terá sido editada no séc. VII sob os Pisístratos. Foi, aliás, essa prática de recolher os oráculos em colectâneas que deu origem aos Livros Sibilinos, que se diz terem chegado a Roma, provenientes da colónia grega de Cumas – onde havia um oráculo da Sibila – por intermédio do seu último rei, Tarquínio-o-Soberbo, no séc. III. Aos intérpretes dos oráculos dava-se o nome de cresmólogos. A figura do profeta, como muitas outras ao longo de todos os tempos, foi sujeita a uma análise polifacetada. O testemunho mais vivo da credibilidade e da utilização política dos oráculos entre os Atenienses é, sem dúvida, a comédia aristofânica *Os Cavaleiros*. Sobre a importância e aproveitamento para fins propagandísticos dos oráculos anónimos, leia-se M. P. Nilsson, *Cults, myths, oracles, and politics in ancient Greece* (New York 1972) 130-42.

[38] Alusão às pontes lançadas por Xerxes sobre o Helesponto, e que permitiam a travessia da Ásia para a Europa (7. 25. 1; 7. 34; 7. 36. 3).

[39] A expressão do original συμφορῇ χρᾶσυαι ('gozar da desgraça') não esconde uma certa ironia do Autor, apropriada a um tema que lhe é muito caro: as consequências funestas sofridas por quem ignora um oráculo ou descura as suas prescrições (cfr. 1. 13; 3. 124; 7. 57).

[40] Distando pouco do desfiladeiro das Termópilas, Antícira situa-se no golfo malíaco, na embocadura do rio Esperquio.

[41] Tucídides (1. 91. 3) apresenta-o, juntamente com Temístocles e Aristides, como um dos membros da delegação enviada dois anos mais tarde a Esparta, após a batalha de Plateias, para negociar a construção da muralha de Atenas.

acompanhava Leónidas com um barco de trinta remadores, pronto a avisar os soldados que se encontravam no Artemísio se alguma novidade acontecesse ao exército de terra.

Esse tal Abrónico, mal chegou ao Artemísio, deu a saber o que sucedera a Leónidas e aos seus homens. Tomado conhecimento da situação, os Gregos não adiaram mais a retirada, antes zarparam cada um segundo a ordem em que estavam, os Coríntios à frente e os Atenienses por último. 2

Dos navios atenienses Temístocles escolheu os que melhor navegavam e percorreu os lugares que tinham água potável, deixando aí, gravadas na rocha, mensagens que os Iónios, ao chegarem no dia seguinte ao Artemísio, leram. Assim rezavam as inscrições: "Homens da Iónia, ao lutarem contra os vossos pais[42], não estão a agir de acordo com a justiça e submetem a Grécia à escravidão. Ponham-se antes do nosso lado! Se por ventura não vos é permitido fazê-lo, pelo menos de momento não se intrometam e peçam aos Cários que façam o mesmo. Se não é possível atender a nenhum dos dois pedidos, por estarem sob o imperativo de um jugo demasiado pesado para se revoltarem[43], ao menos, quando chocarmos em combate, deixem-se vencer deliberadamente. Lembrem-se que descendem de nós e que a nossa inimizade ao Bárbaro partiu de vocês"[44]. 22.1

2

Na minha opinião Temístocles escreveu estas palavras tendo em vista dois objectivos: ou essas inscrições, ignoradas pelo Rei, decidiam os Iónios a mudar de campo e a passarem para o lado dos Gregos; ou, caso fossem levadas à presença de Xerxes e usadas como calúnia, desacreditavam os Iónios e o Rei mantinha-os afastados do combate naval[45]. 3

Foram, portanto, essas as epígrafes deixadas por Temístocles. Imediatamente depois um indivíduo de Histieia partiu de barco para anunciar aos Bárbaros a fuga dos Gregos do Artemísio. No entanto, 23.1

---

[42] Sobre a concepção de Atenas como a terra mãe de todos os Gregos, leiam-se as palavras de Sólon: πρεσβυτάτη... γαῖαν Ἰαονίης (frag. 4 a West).

[43] Os Iónios tinham deixado em casa as famílias, que assim se tornariam reféns dos Persas, caso desertassem para o lado grego (7. 52. 2).

[44] Foram os povos da Iónia que, conforme se referiu na Introdução, começaram por revoltar-se contra o imperialismo persa.

[45] O estratagema de Temístocles, sobre cuja verosimilhança se colocam muitas interrogações, serve o objectivo final de justificar, através de uma vingança face à revolta mal sucedida dos Iónios (5. 35 sqq.), a motivação dos Gregos na guerra contra os Persas. Contudo, como vimos supra (cap. 10, n. 22), os efeitos imediatos do apelo do estratego não se reflectem no desejado apoio massivo dos Iónios.

49

        suspeitando do mensageiro, mantiveram-no sob custódia e enviaram navios velozes a confirmar em primeira mão o sucedido. Constatados os factos – assim que o sol raiou – toda a armada marchou em direcção ao
2   Artemísio. Permaneceram aí até ao meio dia, altura em que navegaram para Histieia. Quando lá chegaram, tomaram-na e fizeram incursões em todas as outras cidades do litoral do território da da região de Histieia, na parte da Elópia[46].

24.1   Enquanto estavam nessa região, Xerxes, tomadas as necessárias providências com os mortos, enviou um arauto ao encontro da armada. Eis o modo como agiu: de todos os cadáveres do seu exército jazentes nas Termópilas – e eram bem uns vinte mil – deixou à superfície cerca de um milhar; quanto aos restantes foram sepultados em valas abertas para esse fim, cobertas com uma camada de terra e folhagem, de maneira a não serem percebidas pelos soldados da frota.

2   Quando o arauto desembarcou em Histieia, convocou todo o exército e falou-lhe nos seguintes termos: "Soldados aliados[47], o rei Xerxes concede permissão a quem de vós assim o desejar de abandonar o seu posto e vir observar como ele combate com os loucos que possuem a esperança de suplantar o seu poder".

25.1   Após este comunicado, nada se tornou mais difícil do que arranjar um navio; tantos eram os que queriam ir ver o espectáculo. Feita a travessia, os soldados passaram em revista e puderam contemplar os mortos. Todos acreditaram que aqueles corpos eram na sua totalidade Lacedemónios e Téspios[48], quando estavam também na presença de
2   hilotas[49]. Contudo não passava despercebido aos observadores o que

    [46] Elópia é o antigo topónimo que servia para designar a metade norte de Eubeia, a que pertencia o território de Histieia.

    [47] Conforme sugere o vocativo 'aliados' (ἄνδρες σύμμαχοι), o convite de Xerxes dirigia-se, em particular, aos soldados gregos que incorporavam o seu exército de mar. Era a eles que o Rei, dando a impressão de ter sofrido poucas baixas nas Termópilas, queria impressionar e atemorizar.

    [48] Foram 300 Espartanos e 700 Téspios os homens que defenderam o desfiladeiro nas Termópilas (7. 202). Os restantes Gregos retiraram-se (7. 222) e os Tebanos passaram para o lado dos Persas (7. 233). Donde se suporia que os hilotas eram 3000. Contudo Heródoto dissera anteriormente que cada Espartano levava consigo apenas um hilota (7. 229. 1). Razão pela qual é forçoso concluir que o número aqui indicado retoma o da incrição referida em 7. 228. 1.

    [49] Estratificada em três classes estanques, a sociedade espartana tinha no topo da pirâmide os cidadãos, os chamados Espartanos ou *homoioi*, isto é, os 'Pares'. As actividades dignas do seu estatuto eram apenas a guerra ou a sua preparação, estando mesmo proibidos de trabalhar na agricultura, de exercer o comércio e a indústria (2. 166 sq. e Xenofonte, *República dos Lacedemónios* 7). Seguiam-se os perieços – como indica o próprio termo, 'os habitantes da periferia' – que, sendo membros de cidades do Estado espartano,

50

Xerxes fizera aos seus mortos; e isso tornava-se mesmo alvo de chacota. Um milhar de Bárbaros encontrava-se disperso pelo chão, ao passo que os inimigos tinham sido empilhados todos no mesmo sítio, em número de quatro mil.

Pois bem, aquele dia dedicaram-no à contemplação de semelhante cenário, mas no seguinte partiram rumo a Histieia, para junto dos barcos. A companhia de Xerxes, por seu lado, pôs-se em marcha.

A ela juntou-se uma pequena quantidade de desertores oriundos da Arcádia, quer por necessidade de subsistência, quer por pretender um trabalho. Conduzindo-os à presença do Rei, os Persas informaram-se sobre os preparativos que tomavam os Gregos. Foi um Bárbaro em particular que, em nome dos seus companheiros, os interrogou. Os desertores responderam-lhes que os Gregos celebravam as Olimpíadas e assistiam aos concursos gímnicos e às provas hípicas[50]. Então o Persa perguntou qual era o prémio pelo qual se disputavam; e os Árcades responderam que era uma coroa de oliveira.

---

mantinham os seus direitos cívicos e gozavam de autonomia económica. Não obstante, estavam privados de direitos políticos e encontravam-se na dependência dos Espartanos em matéria de política externa. Quem permitia ao cidadão levar um tipo de vida isento do exercício de actividades visando a subsistência económica eram os hilotas. Tratava-se de escravos públicos, adstritos à parcela de terra que o Estado destinava ao seu senhor, a quem pagavam um tributo, podendo dispor dos restantes rendimentos como quisessem. Humilhados por rituais de rebaixamento e inferiorização impostos pelo próprio Estado espartano (cfr. *FGrHist* 106 F2) e impossibilitados de obter a liberdade, pois eram um bem inalienável, fizeram inúmeras revoltas (Tucídides 1. 101. 1-3). Tal como os periecos, também foram chamados a participar na guerra, mas em contingentes separados dos dos cidadãos. Essa mesma diferenciação é visível nos rituais fúnebres que lhes são prestados. Dá ainda conta Heródoto que, no rescaldo da batalha de Plateias, os Lacedemónios ergueram três túmulos: um para os jovens, um para os Espartanos e outro para os hilotas (9. 85). Sobre esta matéria leia-se J. Ducat, *Les hilotes*, Supp. XX de *BCH* (Athènes 1990); M. I. Finley, *Economy and society in ancient Greece* (New York 1982) 123-4 [*Economia e Sociedade na Grécia Antiga*, Edições 70, Lisboa]. Quanto ao número das tropas de Leónidas, incluíndo ainda os reforços recebidos de Tebanos, Téspios, Lócrios Opúncios e Focenses, J. A. R. Munro estima um total de 10 000 homens (*CAH* 1IV, 283).

[50] Revelador da importância que os Jogos Olímpicos tinham no quadro dos festivais pan-helénicos e muito particularmente na sua vivência cultural na Antiguidade é o facto de nem mesmo a circunstância de guerra impedir a sua realização. Ao contrário do que o texto parece sugerir, além de uma coroa de ramagem (oliveira brava ou azambujeiro para os Jogos Olímpicos, louro para os Píticos, aipo para os Nemeus e Ístmicos), o vencedor recebia da sua cidade algumas compensações materiais, tais como: um montante em dinheiro, o direito vitalício de ele e a sua família tomarem as refeições no Pritaneu (edifício dos Prítanes, onde reuniam os 50 membros do Conselho em funções permanentes durante uma décima parte do ano) e a proedria (assento de honra no teatro de Dioniso). Para uma reflexão mais detalhada sobre estas matérias, vd. M. I. Finley and H. W. Pleket, *The Olympic games: the first thousand years* (London 1976) e V. Vanoyeke, *La naissance des Jeux*

        Foi neste momento que Tritantaicmes[51], filho de Artabano, proferiu um sensato parecer, que, no entanto, lhe mereceu uma acusação de cobardia por parte do Rei. Ao tomar conhecimento de que o prémio do vencedor era uma coroa e não dinheiro, Tritantaicmes não conseguiu ficar calado e fez em público esta declaração: "Não me digas, Mardónio, que foi contra este tipo de homens que nos fizeste combater, homens que competem não por dinheiro, mas pela glória"[52].

27.1   Foram estas as suas palavras. Nesse intervalo de tempo, a seguir ao desastre das Termópilas, os Tessálios enviaram de imediato um mensageiro aos Focenses, a quem guardavam um rancor inabalável[53], sobretudo desde a última derrota. Na verdade quando, não muitos anos antes desta expedição do Rei, os Tessálios e os seus aliados caíram, com todas as suas tropas, sobre os habitantes da Fócida, foram por eles vencidos e muito mal tratados[54]. Acossados no monte Parnasso, os Focenses tinham consigo um adivinho, Télias de Élide, que na ocasião

---

Olympiques et le sport dans l'Antiquité (Paris 1992). A oposição de valores espelhada neste passo, entre Bárbaros, que valorizam a riqueza, e Gregos, que se contentam com uma coroa de ramagem por recompensa do mérito, corresponde a uma nítida diferença de mentalidades. Conforme propõe S. Flory, não estamos, no entanto, autorizados a afirmar que o autor das *Histórias* tem uma visão estanque da dicotomia Gregos vs. Bárbaros. Assim os pares-tipo de caracterização dos povos em ricos/pobres, corajosos/cobardes e civilizados/selvagens, só para referir os mais significativos, verificam-se dentro de cada um dos lados, grego e bárbaro (*The arcaic smile of Herodotus*, Detroit 1987, 81-118).

[51] Um dos seis comandantes do exército persa (7. 82).

[52] O sistema de valores que orienta cada uma das partes inimigas é radicalmente oposto. Enquanto os Gregos, com particular destaque para os Espartanos, orientam a sua vida para a obtenção da excelência, a chamada *aretê*, os Bárbaros movem-se por interesses materiais, como a obtenção de riquezas. Esta oposição é um tema típico da cultura aristocrática arcaica, conforme testemunham Hesíodo (*Trabalhos e Dias* 320-6) e Sólon (frag. 23 West). O principal traço distintivo entre Gregos e Persas é o apreço daqueles pela liberdade (8. 143). A propósito da noção bipartida de humanidade em Helenos e Bárbaros, veja-se H. C. Baldry, *The unity of mankind in Greek thought*, Cambridge 1965, 21-4 e Ferreira, *Hélade e Helenos*, 191-261, 361-2 e 381-406.

Nota-se nas palavras de Tritantaicmes uma acusação às directrizes militares de Mardónio, que levaram, ainda no reinado de Dario, ao fracasso sofrido no ataque de Atenas (cfr. 6. 43-5).

[53] Os Focenses tinham mesmo construído um muro, nas Termópilas, para evitar que os Tessálios passassem para a Fócida (7. 176. 3-5).

[54] Essa luta situa-se, provavelmente, depois de 510. Plutarco (*Moralia* 244 b) refere que os Tessálios começaram por subjugar os Focenses e colocar tiranos nas suas cidades. No entanto estes acabaram por ser assassinados na sequência de uma revolta das populações locais. Como retaliação, os Tessálios lapidaram 250 Focenses reféns e invadiram a Fócida pela Lócrida. Esta acção da Tessália insere-se num plano de estender o seu domínio à Grécia central; a primeira tentativa nesse sentido data de 545, da qual saíram derrotados pelos Beócios na batalha do Ceresso (Plutarco, *Camilo* 19. 4).

traçou o seguinte plano[55]: depois de cobrir de cal o corpo e as armas de seiscentos dos mais valorosos Focenses, fê-los avançar de noite contra os Tessálios, com a recomendação de matarem todo aquele que não vissem pintado de branco. Os primeiros a perceber a sua presença foram os sentinelas tessálios, que, julgando tratar-se de algum ser sobrenatural, entraram em pânico – tal como, depois deles, todo o exército. De tal maneira que o inimigo conseguiu tomar quatro mil cadáveres e os respectivos escudos, de que uma metade foi dedicada como ex-voto no templo de Abas e a outra no de Delfos. Com o dízimo das riquezas obtidas nessa batalha construíram estátuas gigantescas de varões, que dispuseram em redor da trípode, colocada diante do templo em Delfos. Outras semelhantes encontram-se em Abas[56].

Consideremos agora o tratamento que os Focenses infligiram à cavalaria que os cercava. Esta, ao penetrar no território do inimigo, foi cruelmente esmagada; no desfiladeiro próximo de Hiâmpolis, aí mesmo, escavaram um vasto fosso, onde depositaram ânforas vazias, tapadas com uma camada de terra por cima, de modo a manterem o nível com o terreno em volta[57]. Esse era o presente que ofereciam aos Tessálios que os atacavam. Pois bem, impelidos pelo desejo de capturarem os Focenses, os invasores precipitaram-se sobre as ânforas e os cavalos quebraram as pernas.

Enfurecidos com estes dois reveses, os Tessálios enviaram-lhes um arauto com a seguinte mensagem: "Focenses, reconheçam agora que não são de maneira alguma superiores a nós em combate. Dantes, entre os povos gregos – no tempo em que nos agradava estar do seu lado – exercíamos sempre mais autoridade do que vocês[58]; e agora é tal a nossa

---

[55] Sobre o importante papel dos adivinhos na condução da guerra, cfr. 9. 33-38.

[56] Em Abas, na Fócida, havia um santuário e um oráculo de Apolo, naturalmente preferido pelos Focenses. Segundo o testemunho de Pausânias, o grupo escultórico oferecido a Delfos representava Héracles e Apolo a disputarem a trípode sagrada (10. 13. 7), enquanto Leto e Ártemis tentam acalmar o deus da lira e Atena faz o mesmo ao adversário. Essa cena mitológica estava representada no frontão do Tesouro dos Cnídios ou dos Sífnios em Delfos (Pausânias 5. 274), no relevo de Licosura (Pausânias 8. 37, 1) e é muito frequente em vasos. Tendo Abas sido saqueada pelos Persas (8. 33), o que Heróttoto terá visto foram cópias dos originais.

[57] Hiâmpolis é uma cidade que confina com a Fócida e a Lócrida, fundada pelos Hiantes, povos pré-helénicos, depois de terem sido expulsos da Beócia (Estrabão 401 e 424); situava-se próximo de Abas, na estrada que conduzia ao Cefiso, junto a Parapotâmia. Julga-se que o festival de Elafebólias, aí celebrado em honra de Ártemis, foi instituído para comemorar esta vitória.

[58] A supremacia dos Tessálios sobre os Focenses reflectia-se no Conselho da Anfictionia, confederação religiosa de Delfos. Esta assembleia reunia povos iónios, dórios

influência junto dos Bárbaros que podemos fazer com que sejam privados do vosso país e reduzidos à escravatura. No entanto, apesar de determos todo esse poder, não vos guardamos rancor. Dêem-nos, em troca deste favor, cinquenta talentos de prata[59] e nós prometemos afastar de vós todos os males que de futuro ameaçarem a vossa terra".

30.1 Tais foram os termos da proposta dos Tessálios. Realmente de todos os povos daquela região os Focenses foram os únicos que não se passaram para os Medos. Conforme descobri através das minhas investigações, **2** não houve nenhuma outra razão para isso senão a sua inimizade aos Tessálios. Pelo contrário, se os Tessálios fossem aliados dos Gregos, penso que os Focenses teriam por certo tomado o partido dos Medos. Ao acordo tessálio, os adversários responderam que não enviariam a quantia exigida e que, à semelhança do que se passava com eles, também poderiam tomar o partido dos Medos, se por ventura o desejassem; contudo não seria de ânimo leve que trairiam os Gregos[60].

31 Diante desta resposta, os Tessálios encheram-se de um ódio tal aos Focenses que se tornaram guias dos Bárbaros. Partindo de Traquínia, invadiram a Dórida; a região da Dórida entre Málida e a Fócida, antiga Driópida, é estreita, mede aproximadamente trinta estádios de largura; situa-se aí a metrópole dos Dórios do Peloponeso[61]. Os Bárbaros penetraram na Dórida, mas não a pilharam, uma vez que os seus habitantes os apoiavam e, por conseguinte, não ficava bem aos Tessálios um tal comportamento.

---

e da Grécia central e tinha por funções organizar os Jogos Píticos – realizados de quatro em quatro anos em honra do deus patrono, Apolo – gerir os bens do templo e defender os interesses da divindade.

[59] Aproximadamente 1300 kg.

[60] Heródoto apresenta a lealdade dos habitantes da Fócida à causa grega como um resultado directo da rivalidade desta com os vizinhos da Tessália (8. 27). Isolada na região, a posição dos Focenses, de insubmissão a Xerxes, transforma-se, pelos riscos que implica, numa ousadia, que não se limita à preservação de interesses locais, mas abrange um desígnio maior, de amplitude nacional (cfr. Gillis, *Collaboration with the Persians*, 69; *vide* também as páginas 68-75 para a colaboração de estados gregos durante as batalhas das Termópilas, Artemísio e Salamina). Prova do muito que tinham a perder os povos que não medizaram, isto é, que não tomaram o partido dos Bárbaros, é o tratamento infligido pelo exército persa às cidades conquistadas na sua marcha para Atenas. São 15 as cidades evacuadas e devastadas por completo (8. 32 sq. e 35). Os Dórios escapam porque, justamente, passaram para o lado do Rei (8. 31). Igual atitude assumiram os Beócios (8. 34). Que o rasto de ruína deixado pelos homens de Xerxes intimidava os Gregos e servia de processo de coacção indica-o o aumento progressivo dos Estados que medizaram (8. 66).

[61] Embora Heródoto só refira ser este o itinerário usado pelos Bárbaros para penetrar no interior do continente grego, não parece verosímil essa exclusividade. É bastante natural que também tenha sido usada a estrada costeira que passa pelas Termópilas, seguindo para

Quando da Dórida passaram para a Fócida, também não capturaram 32.1
os seus habitantes. Uma parte deles subiu aos cumes do Parnasso; o pico
da montanha – vizinho da cidade de Néon e de seu nome Titórea –
oferecia, realmente, condições para acolher uma multidão de pessoas;
foi para lá que levaram os seus bens e foi onde se refugiaram. A maioria, 2
no entanto, mudou-se para junto dos Locros Ózolas[62], para a cidade de
Anfissa, situada acima da planície de Crisa. Entretanto os Bárbaros
palmilharam todo o território da Fócida, com os Tessálios a guiarem o
exército. Eis os métodos adoptados: por onde quer que passassem
incendiavam e arrasavam tudo; as chamas não poupavam cidades nem
templos.

Na sua marcha ao longo do rio Cefiso, deitaram abaixo tudo quanto 33
encontraram; lançaram fogo às cidades de Drimo, Cáradra, Eroco,
Tetrónio, Anficaia, Néon, Pedieia, Triteia, Elateia, Hiâmpolis,
Parapotâmia e Abas[63] – onde ficava um magnífico santuário de Apolo,
repleto de tesouros e numerosos ex-votos; nesse lugar havia, e ainda
hoje há, um oráculo. Depois de saquearem o santuário, incendiaram-no.
Em incursões pelas proximidades das montanhas capturaram alguns
Focenses e suas mulheres, que mataram após uma violação colectiva[64].

Deixada para trás Parapotâmia, os Bárbaros chegam a Panopeia. 34
Daí em diante, dividido em dois contingentes, o exército seguiu direcções
diversas. O maior e mais poderoso, acompanhado por Xerxes em pessoa
na sua marcha contra Atenas, atravessou a Beócia, terra dos Orcoménios.
A totalidade dos Beócios tomara o partido dos Medos e os Macedónios,
enviados por Alexandre[65], garantiram a segurança das suas cidades.
Zelaram pela integridade dos Medos, movidos pelo desejo de tornar
evidente a Xerxes que os Beócios lhes eram favoráveis[66].

Atalanta na Lócrida, e alcança Parapotâmia por Hiâmpolis (cfr. *supra*, cap. 28). Na verdade só este percurso se adequa à passagem de um contingente de cavalaria e do vasto apoio logístico indispensável ao exército.

[62] A região designada Lócrida Ozólida fica a oeste da Fócida e Anfissa a noroeste de Delfos, portanto encontrava-se a sul do monte Parnasso.

[63] Estes seriam os nomes de todas as cidades da Dórida, nomeadas pela ordem em que foram invadidas pelos Persas.

[64] A política dos Persas para com as cidades que lhes ofereciam resistência é, como se pode ver por este exemplo, de verdadeiro terrorismo (cfr. Hammond, *CAH* 2IV, 564).

[65] Alexandre I foi rei da Macedónia entre 495-50.

[66] Ainda que com contigentes modestos – 700 Téspios e 400 Tebanos (7. 202) – os Beócios participaram na batalha das Termópilas ao lado dos Gregos. Foi portanto muito

35.1 Enquanto estes soldados bárbaros caminhavam nessa direcção, os outros, acompanhados por guias, dirigiam-se ao templo de Delfos, tendo à direita o monte Parnasso. Todos os lugares da Fócida que tomavam, destruíam-nos; incendiaram a cidade dos Panopeus, a dos Dáulios e a dos Lileus[67].

2 Eis a razão por que se separaram do restante exército e marcharam nessa direcção: para, assaltado o templo de Delfos, apresentarem ao Rei as suas riquezas[68]. Todas as maravilhas contidas no seu interior, segundo me informei, Xerxes, através de relatos que lhe eram constantemente feitos, conhecia-as melhor do que os bens deixados em casa, e, de entre aquelas, sobretudo as oferendas de Creso, filho de Aliates.

36.1 Os Délfios, ao saberem desse avanço, foram tomados de grande pavor. Transtornados pelo medo, consultaram o oráculo sobre as riquezas sagradas, perguntando se haviam de escondê-las debaixo da terra ou se haviam de levá-las para outro lugar. O deus, contudo, não permitiu que as mudassem e afirmou ser ele próprio capaz de proteger o que lhe
2 pertencia. Ouvida essa resposta, os Délfios passaram a preocupar-se com o que lhes dizia respeito. Os filhos e as mulheres enviaram-nos de imediato para a outra margem, para a Acaia. Quanto aos homens, a maioria subiu para o cume do monte Parnasso e transportou os haveres para o interior da gruta de Corício[69]. Os outros foram refugiar-se em Anfissa, na Lócrida. Por conseguinte todos os Délfios, à excepção de sessenta homens e do sacerdote de Apolo, abandonaram a cidade.

37.1 Quando os Bárbaros em marcha estavam já próximos e com o recinto sagrado à vista, nesse momento o sacerdote, chamado Acérato, vê

---

rápida e oportuna a sua transferência para o partido do Rei. Contando com a colaboração de um intermediário, Alexandre da Macedónia, os negociações dos Bárbaros com os Gregos tornavam-se mais simples. Esse papel de intermediário, como já se viu anteriormente no caso dos Focenses (cap. 30), foi, noutra circunstância, desempenhado pelos Tessálios. Não obstante, houve na região duas cidades que, por não cederem às propostas do Persa, foram completamente destruídas, Téspias e Plateias (8. 50).

[67] As cidades referidas são, além de Panopeia, Dáulis e Lileia.

[68] Este episódio vem também relatado em Diodoro (11. 14. 2-4). Os sacerdotes de Apolo, prováveis autores desta ficção, pretendiam apagar as acusações de filopersianismo que lhes teriam sido feitas após a vitória grega. A maneira mais clara de se livrarem desse tipo de estigma era contar que também Delfos tinha sido alvo de um ataque dos Persas. Na verdade Creso, numa política de maior respeito pela individualidade religiosa e cultural helénica, presenteara o deus com magníficas oferendas (descritas em 1. 50 sq.). Note-se, ainda, que a impiedade persa antecipa a narração do ataque a Delfos.

[69] O relato da fuga dos Délfios é muito semelhante ao dos Atenienses, feito mais adiante (cap. 41). Essa semelhança poderá ter uma explicação imediata na natural procura de salvação perante um ataque que se adivinha devastador. Contudo serviria, igualmente, para conferir aos Délfios uma dignidade idêntica à dos Atenienses.

expostas diante do templo as armas sagradas⁷⁰, trazidas do interior da cela, apesar de não ser permitido a nenhum homem tocar-lhes⁷¹. Enquanto foi anunciar aos Délfios presentes o prodígio, já os Bárbaros se colocavam rapidamente diante do templo de Atena Pronaia⁷².

Então aconteceram-lhes prodígios ainda mais espantosos do que o anterior. É sem dúvida já de si fantástico que as armas aparecessem por si próprias cá fora, diante do templo, mas o que sucedeu depois foi de longe o mais espantoso dos milagres. Quando os Bárbaros já se encontravam diante do recinto sagrado de Atena, nesse instante caíram sobre eles raios vindos do céu, dois picos arrancados do monte Parnasso foram atirados com grande estrondo e abateram um vasto número de inimigos. Do interior do templo da deusa soltaram-se gritos e exortações à guerra.

O concurso de todos estes fenómenos fez com que o medo se abatesse sobre os Bárbaros. Os Délfios, por sua vez, quando perceberam que os adversários se punham em fuga, precipitaram-se sobre eles, provocando a morte a muitos. Quanto aos sobreviventes, esses fugiram em direcção à Beócia. Os que regressaram a casa, conforme informação por mim colhida, contavam que, para além destas, tinham presenciado outras manifestações divinas. Afirmavam que dois hoplitas, de uma constituição superior à humana, se dirigiram a eles, matando-os e perseguindo-os.

No entanto os Délfios declaram que aqueles dois soldados eram heróis locais, Fílaco e Autónoo⁷³. Os seus recintos sagrados ficam nas imediações do templo: o de Fílaco junto ao próprio caminho, a norte do

---

⁷⁰ Trata-se das armas com que Apolo matou a serpente Píton (carcás, arco e flechas) e de que estava revestida a estátua em ouro do deus. Cfr. Ovídio, *Metamorfoses* 1. 445-7; Plutarco, *Questões gregas* 12 e *Acerca do oráculo de Delfos* 15; Pausânias 2. 30. 3; Higino, *Fábulas* 140.

⁷¹ A planta de um templo, de forma geralmente rectangular e com a fachada principal voltada para oriente, é constituída por uma sala principal, designada por *mégaron, naos* ou *cella*, destinada a guardar a imagem da divindade. Acede-se a essa sala por um vestíbulo, o *pronaos*. Sem ligação directa à *cella*, havia ainda uma divisão situada por detrás dela, e por isso mesmo chamada opistódomo, onde ficava o tesouro. O *mégaron* corresponde ao *mantéion*, sala onde a Pítia, sacerdotisa de Apolo, sentada na trípode sagrada, proferia os vaticínios divinos. Aí encontrava-se também o *ômphalos* – a pedra sobre a qual vieram pousar as águias de Zeus, assinalando, assim, o centro do mundo – e a estátua de Apolo.

⁷² Os soldados de Xerxes atacam apenas o templo de Atena Pronaia, ou seja "guardiã do templo", situado junto à entrada este da cidade, a cerca de 2, 5 Km do templo de Apolo. Este ficava num planalto do lado noroeste, por detrás de um vale.

⁷³ A participação de heróis locais em batalhas decisivas, tal como as intervenções divinas, são um motivo presente no relato de combates para lhes conferir maior relevo. Encontramos esse recurso também na tragédia, como é o caso do velho Iolau, que,

2 santuário de Atena Pronaia; o de Autónoo próximo da fonte Castália[74], abaixo da rocha Hiampeia[75]. Os pedregulhos que caíram do monte Parnasso ainda estavam intactos nos nossos dias, jazendo no recinto sagrado de Atena Pronaia, para onde tinham sido lançados sobre os Bárbaros. Foi assim que os soldados de Xerxes se afastaram do templo[76].

40.1 A armada grega sai do Artemísio e vem, a pedido dos Atenienses, atracar a Salamina. Estes insistiram na permanência dos aliados diante da ilha pela seguinte razão: para fazerem sair as mulheres e crianças da Ática e para decidirem que medidas tomar. Diante da situação a que as coisas tinham chegado, tencionavam reunir-se em assembleia, uma vez
2 que se tinham enganado nas suas previsões. A verdade é que julgavam encontrar os Peloponésios todos reunidos na Beócia à espera do Bárbaro, contudo descobriram uma realidade bem diferente. Foram informados de que eles fortificavam o Istmo com um muro, tendo na maior conta a protecção do Peloponeso, mas alheados do resto da Grécia[77]. Conhecedores desse procedimento, os Atenienses insistiram, pois, na permanência da frota grega junto à costa de Salamina.

---

rejuvenescido e coadjuvado por Héracles e Hebe, captura Euristeu (Eurípides, *Heraclidas*, vv. 849-63). O mesmo Fílaco, juntamente com Pirro e dois heróis hiperbóreos, aparece no relato de Pausânias (10. 23. 2).

[74] Era com as águas desta fonte – distando do recinto sagrado de Apolo cerca de 700 m – que se realizavam os ritos lustrais.

[75] A norte de Delfos situava-se o monte Parnasso, de que se refere agora uma das suas escarpas, a Hiampeia.

[76] A posição de Delfos nas guerras medo-persas não foi a de um pró-helenismo incontestável. Pelo contrário, o oráculo parecia pronunciar-se mais a favor dos Bárbaros. Quando os Atenienses interrogaram o deus sobre o procedimento a tomar face ao ataque persa, a Pitonisa aconselhou, numa primeira consulta, o abandono da cidade, posição que só atenuou perante a insistência dos delegados. Para tal declarou que a salvação da cidade estaria na 'muralha de madeira' (cfr. 7. 140 sq., 148 sq. e 169). Para Esparta profetiza que ou a cidade é saqueada ou morre o seu rei, Cleómenes (7. 220. 3-4). À questão dos Cretenses, se deviam ou não apoiar os Gregos, o oráculo lembra-lhes que aqueles não os ajudaram a vingar a morte de Minos (7. 169). Paralelamente, as cidades que formavam a Anfictionia de Delfos tinham-se juntado a Xerxes (cfr. 7. 132). Se considerarmos que a vitória do Persa parecia inevitável, compreende-se melhor esse pró-persianismo. Para mais informação sobre o oráculo de Delfos, consulte-se H. W. Parke, D. E. W. Wormell, *The Delphic oracle* (Oxford 1956) e Nilsson, *Cults, myths, oracles, and politics*, 124-7.

A lenda apresentada por Heródoto pode ser interpretada de duas formas: serve para resgatar a posição dos Délfios aos olhos dos restantes Gregos ou então mais não é do que a afirmação concreta de que seria politicamente incorrecto para os Bárbaros atacar e arrasar uma cidade aliada.

[77] Já no livro anterior das *Histórias* (cap. 134), no panegírico que tece de Atenas, defensora do papel decisivo da armada na luta contra o invasor, Heródoto revelava-se descrente da utilidade de uma muralha no Istmo, caso os Persas tivessem o controlo do

Enquanto os aliados estacionaram junto a Salamina, os Atenienses **41**.1
dirigiram-se à sua cidade. Assim que chegaram, fizeram anunciar que
todos os cidadãos podiam salvar os filhos e o resto da família[78]. Então a
maioria enviou os seus para Trezena, outros para Egina e outros mesmo
para Salamina. Apressaram-se a pô-los a salvo, desejando obedecer ao 2
oráculo[79], mas também, e principalmente, pela razão que passarei a
enunciar.

Contam os Atenienses que[80], no interior do templo, vive uma
serpente gigantesca, guardiã da Acrópole[81]. É isso que afirmam. E, no

---

mar. A facilidade com que os Beócios vieram a medizar (cfr. *supra*, cap. 34), acabou, no entanto, por dar alguma razão à preferência dos Peloponésios por estabelecer a defesa da Grécia em território por si conhecido e onde, à partida, não corriam o risco de sofrerem traições.

[78] Sobre a existência de uma inscrição, actualmente perdida, recordando os detalhes da recepção em Trezena dos evacuados de Atenas, *vide* F. J. Frost, "Troizen and the Persian wars: some new data", *AJA* 82 (1978) 105 sq. Uma outra inscrição, vulgarmente designada por 'decreto de Temístocles', costuma ser evocada como testemunho da transferência temporária dos Atenienses para fora da sua pátria, por ocasião das invasões persas. Esta epígrafe foi publicada pela primeira vez por M. H. Jameson, "A decree of Themistocles from Troizen", *Hesperia* 29 (1960) 198-223 e retomada pelo mesmo autor em "A revised text of the decree of Themistokles from Troizen", *Hesperia* 31 (1962) 310-5 e "The Themistokles decree. Notes on the text", *AJA* 64 (1962) 368. Hammond (*CAH* 2IV, 559--63) defende que o seu conteúdo reporta-se a Setembro de 481, quando ainda não havia Liga das cidades gregas, e não aos acontecimentos agora em questão, que tiveram lugar um ano mais tarde. Aí referem-se dois contingentes de 100 navios cada, destinando-se um a ficar junto de Salamina e outro a partir para o Artemísio. Aquele teria por missão proteger a costa da Ática das investidas da então rival Egina. Quanto ao Artemísio ele já era considerado o posto estrategicamente melhor colocado para reter o inevitável ataque persa. *Vide* do mesmo autor "The narrative of Hdt. VII and the decree of Themistocle", *JHS* 102 (1982) 75-93.

[79] A consulta ao oráculo de Delfos já fora apresentada em 7. 140-2. Numa primeira vez, a resposta da Pitonisa fora demasiado pessimista. Prevendo a total destruição de Atenas, ordenara que se fizessem ao mar e abandonassem a sua pátria. Os Atenienses acabam por requerer um oráculo mais favorável (ἄμεινον). O vaticínio, embora de leitura ambígua, alude a uma 'muralha de madeira' como salvação dos Gregos, mas prevê a morte de muitos filhos em Salamina. Já aqui é Temístocles quem, concordando com a leitura dos intérpretes dos oráculos, considera ser a frota a defesa aludida, mas, ao contrário daqueles, as baixas humanas verificar-se-iam entre os inimigos e não do lado grego. Contudo é a Assembleia (*ecclesia*) que decide qual a leitura correcta, dando razão ao estratego. Porque a a decisão acaba por resultar dos julgamentos dos homens, Shimron aponta também este exemplo como um dos muitos que na obra de Heródoto rejeitam a existência de um plano divino a comandar os destinos da guerra (*Politics and belief in Herodotus*, 50).

[80] Note-se a preocupação do autor em distanciar-se de um relato que, ao colocar na boca de terceiros, parece considerar inverosímil.

[81] O templo evocado seria, muito provavelmente, o primitivo Erectéion, consagrado a três figuras na época clássica (Atena, Poséidon e Erecteu), mas que começou por ser

3   pressuposto de que tal ser exista, fazem-lhe todos os meses uma oferenda, um bolo de mel. Mas o bolo, que das vezes anteriores sempre fora comido, dessa ficou intacto. Anunciado esse facto pela sacerdotisa, os Atenienses ficaram mais determinados a abandonar a sua terra, pois acreditavam que a deusa deixara a Acrópole[82]. Quando tudo se encontrava a salvo, os soldados atenienses fizeram-se ao mar, rumo ao acampamento de Salamina.

42.1   Depois que os barcos vindos do Artemísio aportaram a Salamina, a restante armada grega, quando tal soube, navegou de Trezena a juntar-se-lhe. De facto tinha ficado previamente decidido que se reuniriam em Pógon, o porto de Trezena[83]. Em Salamina juntaram-se muitos mais navios do que os que combateram no Artemísio e provenientes de um
2   maior número de cidades. O chefe da armada era o mesmo, Euribíades, filho de Euriclides, um Espartano, que não pertencia à família real[84]. O maior contingente de embarcações e as melhores na arte de navegar forneceram-nas os Atenienses.

apenas o santuário do herói Erecteu, ligado à fundação de Atenas. Na versão mais antiga da lenda, a serpente chamava-se Erictónio (Pausânias, 1. 24. 7). Esta era alimentada por Atena, estava escondida numa cesta e tinha um corpo híbrido, metade homem, metade serpente. A serpente é o símbolo ctónico de Atena e o atributo da deusa minóica protectora da casa, a partir da qual se teria desenvolvido a deusa guerreira, protectora da *pólis*. Segundo o mito, o primeiro rei lendário de Atenas, Cécrops, metade homem e metade serpente, tinha três filhas –Aglauro, Herse e Pândroso – a quem Atena entregou uma cesta fechada para que a guardassem, proibindo-as, no entanto, de a abrir. Contudo Aglauro e Herse não conseguiram conter a curiosidade. No interior da cesta descobriram o filho secreto de Hefestos, Erictónio. Saltaram imediatamente duas serpentes para o chão que assustaram as jovens. Apavoradas, acabaram por se precipitar do alto da vertente norte da Acrópole (Pausânias, 1. 18. 2). A maternidade de Erictónio é um pouco obscura, uma vez que a lenda conta que o deus da forja lançou um bocado de sémen para a coxa de Atena, mas também conta que a deusa o limpou para a terra. A deusa virgem não será pois a mãe de Erictónio, mas sim a própria Terra. Veja-se W. Burkert, *Griechische Religion in der archaischen und klassischen Epochen*, (Stuttgart 1977) citado da trad. port., *Religião grega na época clássica e arcaica* (Lisboa 1993) 442 sq.

[82] A deusa evocada será Atena Pólias, protectora da cidade, a *pólis*, uma vez que a serpente era o símbolo do seu filho adoptivo Erecteu ou Erictónio. Sobre outras histórias de deuses que abandonam uma cidade condenada, veja-se: Ésquilo, *Sete Contra Tebas* (vv. 304 sq.); Eurípides, *Troianas* (v. 25); Virgílio, *Eneida* (2. 351); Horácio, *Odes* 2. 1. 25; Tácito, *Histórias* 5. 13.

[83] Pógon fora o local de encontro destinado aos barcos gregos que não tinham ficado preparados a tempo de lutarem no Artemísio. Daí é que partiram para junto da restante frota, já reunida em Salamina.

[84] Este esclarecimento deve-se ao facto de em Esparta o comando do exército ser um atributo da diarquia, conforme testemunha Xenofonte: "Vou expor agora os acordos que Licurgo estabeleceu entre o rei e a cidade. (...) De facto, estipulou que o rei fizesse todos os sacrifícios públicos em representação da cidade, já que de um deus descende, e

Constituíam a frota as seguintes forças[85]: do Peloponeso, os **43** Lacedemónios forneceram dezasseis barcos, os Coríntios o mesmo contingente enviado para o Artemísio[86], os Siciónios quinze, os Epidáurios dez, os Trezénios cinco, os Hermíones três – todos eles, à excepção dos Hermíones, de raça dórica e macedna[87], provenientes, em última instância, de Erineu, do Pindo e da Driópida. Pois bem, os Hermíones são Dríopes, expulsos por Héracles e pelos Málios do território actualmente chamado Dórida[88].

Era este o contingente fornecido pelos Peloponésios. Quanto às **44.**1 forças externas a essa região, eram as seguintes: os Atenienses, em comparação com as restantes formações, à sua conta forneceram sozinhos cento e oitenta navios[89]. É que em Salamina os Plateenses não combateram ao lado dos Atenienses pelo motivo que se segue: depois de o exército grego ter partido do Artemísio, encontrando-se já próximo de Cálcis, os Plateenses desembarcaram na costa voltada para a Beócia e ocuparam-se da retirada dos seus familiares. Foi por ocasião desse processo de salvamento que os soldados de Plateias foram deixados para trás[90].

Os Atenienses, no tempo em que os Pelasgos ocupavam a região   2 agora designada por Grécia, eram Pelasgos e chamavam-se Crânaos.

---

comandasse o exército, para onde quer que a cidade o enviasse." *(República dos Lacedemónios 15*, tradução de J. Ribeiro Ferreira, in *Polis. Antologia de textos gregos*, Coimbra, 1994, p. 102). As famílias reais de Esparta eram a dos Ágidas e a dos Euripôntidas.

[85] Novo catálogo das forças gregas, desta vez estacionadas em Salamina. A sua apresentação é feita gradualmente. O presente capítulo dá conta do contingente da região do Peloponeso; os dois capítulos seguintes (44 e 45) são dedicados aos povos "exteriores" ao Peloponeso, com especial destaque para Atenas:; no cap. 46 enumera-se o contingente proveniente das ilhas e no 47 o contributo de cidades exteriores à Grécia propriamente dita.

[86] Ou seja 40 (cfr. *supra*, cap. 1).

[87] O adjectivo toponímico 'macedno' designa os Dórios durante a sua permanência na região do Pindo.

[88] Tal como noutras listas de povos que constituem uma armada (7. 61-80; 8. 73), também aqui Heródoto gosta de acrescentar informações etnográficas capazes de conferir diversidade ao tom naturalmente monótono e repetitivo da descrição de um catálogo.

[89] Aos 180 navios atenienses contrapõem-se os 198 dos aliados. Este quantitativo torna, desde logo, significativa a participação superior de Atenas na batalha naval de Salamina.

[90] No cap.1, quando se referiu o catálogo das forças gregas que combateram no Artemísio, Heródoto informara de que os navios atenienses tinham sido preenchidos com tripulação de Plateias. Em Salamina, com um maior número de barcos (180 contra os 126 do Artemísio) esse auxílio foi dispensado. De acordo com Aristóteles (*República dos Atenienses* 23), o Areópago eliminara essa carência de tripulantes, ao decretar um salário de oito dracmas para cada marinheiro.

Mas, durante o reinado de Cécrops, receberam o nome de Cecrópidas. Quando Erecteu assumiu o poder, mudaram o nome para Atenienses. Porém, com a nomeação de Íon, filho de Xuto, para chefe da armada, passaram, por esse motivo, a receber a designação de Iónios[91].

45 Os Megarenses participaram com a mesma formação do Artemísio[92]; os Ambraciotas apoiaram a expedição com sete navios; os Leucádios, povo de raça dórica, de Corinto, com três.

46.1 Da parte dos habitantes das ilhas, os Eginetas forneceram trinta barcos; possuíam ainda outros totalmente equipados, só que esses ficaram a proteger a sua terra. E foi com essas trinta embarcações – as melhores – que combateram em Salamina. Os habitantes de Egina são Dórios oriundos de Epidauro, contudo a sua ilha primeiro chamava-se Enone[93].

2 A seguir aos Eginetas vêm os Calcídios, com os mesmos vinte barcos que enviaram para o Artemísio, e os Erétrios com sete. Estes povos são Iónios. Depois surgem os habitantes de Ceos, povo da raça iónica,

3 oriundos de Atenas, com os mesmos barcos[94]. Os Náxios, tal como os outros habitantes das ilhas, também eles tinham sido enviados pelos seus concidadãos a juntar-se aos partido dos Medos. Porém, sob instigação de Demócrito[95], um cidadão distinto, que na ocasião ocupava o cargo de trierarca, desprezaram essas ordens e aliaram-se aos Gregos. O seu contributo foi de quatro embarcações. Os Náxios são Iónios da família

4 dos Atenienses. Os Estireus forneceram as mesmas naus que para o Artemísio[96]; os Cítnios um navio e uma pentecontera. Ambos os povos são Dríopes. Tanto os Serífios, como os Sífnios e os Mélios participaram no combate e, de entre as gentes das ilhas, foram apenas estes os que não deram terra e água ao Bárbaro[97].

---

[91] As origens mais antigas de Atenas e da sua cidadela atribui-as Heródoto aos Pelasgos (cfr. 1. 56 e 57), habitantes primitivos da Grécia e do Egeu, anteriores ao aparecimento dos Helenos. A cronologia dos reis lendários de Atenas apresenta-a invertida, quando comparada à maioria dos testemunhos antigos. Tucídides (2. 15. 3) e Pausânias (1. 2. 6) apresentam Cécrops como primeiro rei de Atenas, sendo seu sucessor Crânao. O sistema de quatro tribos, anterior às reformas de Clístenes (508-7 a. C.), ia buscar as designações aos nomes dos quatro filhos de Íon – Gélon, Egicoreu, Árgades e Hoples (cf. 5. 66. 2).

[92] Ou seja 20 (cfr. *supra*, cap. 1. 1).

[93] Enone é um nome ligado à etiologia mitológica do topónimo da ilha de Egina. Foi para uma ilha deserta chamada Enone que Zeus levou a ninfa Egina, o que terá levado à substituição do primitivo nome da ilha pelo da sua primeira habitante.

[94] Isto é duas trirremes (cfr. *supra*, cap. 1. 1).

[95] Plutarco cita um epigrama sobre Demócrito, atribuíndo-o a Simónides (*Da malícia de Heródoto* 869 c).

[96] Também duas trirremes (cfr. *supra*, cap. 1. 1).

[97] Os contingentes fornecidos por estas ilhas são indicados mais adiante, no cap. 48. *Dar terra e água* é, como se tem dito, uma fórmula para significar submissão. O território

Todos os povos que viviam no interior da região do Tesproto e do 47
rio Aqueronte incorporaram o exército grego. Os Tesprotos são vizinhos dos Ambraciotas e dos Leucádios, os soldados provenientes das terras mais longínquas. Dos povos que vivem para além destes limites, os Crotoniatas foram os únicos que vieram, com uma só nau – governada por Faílo, três vezes vencedor dos Jogos Píticos[98] – em auxílio da Grécia ameaçada. Os Crotoniatas são de raça aqueia.

Ao passo que os restantes combateram com trirremes, os Mélios, 48
os Sífnios e os Seríﬁos usaram pentecóteras. Os Mélios, da raça dos Lacedemónios, forneceram duas; os Sífnios e os Seríﬁos, Iónios de Atenas, uma cada um.

A soma total de embarcações, excluídas as pentecóteras, foi de trezentas e setenta e oito[99].

Quando os estrategos das cidades acabadas de nomear se reuniram 49.1
em Salamina, na sequência do convite de Euribíades, para que quem quisesse apresentasse a sua opinião, nessa ocasião discutiram sobre qual era o lugar, de entre os territórios por eles representados, mais apropriado à realização de um combate naval. Uma vez que a Ática já se encontrava posta de parte, a preferência caía sobre as restantes terras. As opiniões 2
dos intervenientes concordavam, na sua maioria, em zarpar para o Istmo e combater perto do Peloponeso. Em abono desta estratégia acrescentavam que, se fossem vencidos estando em Salamina, ficariam cercados na ilha, sem que nenhum auxílio lhes pudesse chegar, mas, se combatessem diante do Istmo, iriam acolher-se às suas terras.

Enquanto os estrategos do Peloponeso defendiam esta proposta, 50.1
chegou um Ateniense com a notícia de que os Bárbaros estavam na Ática e de que todo o território era consumido pelo fogo. A verdade é que o 2
exército que acompanhava Xerxes, depois de ter atravessado a Beócia e de ter deitado fogo à cidade dos Téspios (que procuraram refúgio no Peloponeso), deu igual tratamento a Plateias; quando chegou a Atenas, saqueou-a de alto a baixo. Mas quanto a Téspias e Plateias incendiou-as, por ter sabido pelos Tebanos que essas cidades não apoiavam os Medos.

---

seria a terra e a água os abastecimentos necessários à subsistência das tropas. Dario fez esta exigência aos povos gregos em 6. 48.

[98] Cfr. o que sobre ele diz Pausânias, 10. 9. 2 (ficou duas vezes vencedor no pentatlo e uma no estádio). Era uma figura muito famosa em Atenas, como revela Aristófanes (*Acarnenses*, vv. 215 sq.; *Vespas*, v. 1206).

[99] Ésquilo estima em 310 (*Persas*, vv. 338 sq.) e Tucídides em cerca de 400 (1. 74. 1) o total da frota grega. Conforme notam How-Wells (*com. ad loc.*), para perfazer o total de 378 navios, indicado no cap. 48, faltam 12, correspondentes ao quantitativo de Egina.

51.1 Desde a travessia do Helesponto, lugar a partir de onde – depois de gastarem um mês, na passagem para a Europa – começaram a sua marcha por terra, os Bárbaros em três meses já se encontravam na Ática, no ano
2 do arcontado de Calíades[100]. Tomam a parte baixa da cidade, deserta, mas encontram no templo um punhado de Atenienses, guardas do tesouro e alguns pobres. Estes, barricados na Acrópole com portas e troncos de madeira, defendiam-se dos assaltantes[101]. Encontravam-se naquela situação porque a falta de recursos os tinha impedido de se mudarem para Salamina e sobretudo pela interpretação que davam ao oráculo revelado pela Pítia: "a muralha de madeira será invencível"[102]. De acordo com o oráculo, para eles seria aquela barricada o refúgio anunciado e não os barcos.

52.1 Por sua vez os Persas, instalados na colina fronteiriça à Acrópole, a que os Atenienses dão o nome de Areópago, cercavam o local da maneira seguinte: envolvendo as pontas das setas em estopa, deitavam-lhes fogo e atiravam-nas contra a paliçada. Perante esta investida, os Atenienses, cercados, ainda se defendiam, se bem que já tivessem chegado ao limite
2 do sofrimento e a barricada traísse os seus intentos. Não aceitavam sequer as propostas de acordo trazidas pelos Pisistrátidas[103]. Pelo contrário, engendraram outros métodos de defesa, isto é, lançaram sobre os Bárbaros

---

[100] Calíades foi arconte epónimo de Atenas no ano de 480/79. Os arcontes eram os magistrados mais poderosos na Grécia arcaica. Esta instituição surgiu entre os sécs. X--VII, período conturbado, que se seguiu ao declínio das monarquias micénicas, dando lugar à substituição gradual do governo dos reis pelo dos aristocratas. Os poderes militares passaram para o arconte polemarco, os civis para o epónimo, designação que literalmente significa "aquele que dá nome ao ano" (e que era o juíz supremo) e os religiosos para o *basileus*, ou "arconte rei". A lista de arcontes anuais de Atenas remonta ao ano de 683/82. Passaram a constituir um colégio de dez membros, quando se lhes juntaram mais seis tesmótetas (redactores das leis) e um secretário. Um cargo que começara por ser vitalício, vê-se, desde o séc. VII, reduzido à anuidade (Aristóteles, *Constituição Ateniense* 3. 1-4 e 8. 1-2). Mas o ascendente desta magistratura sofre golpes mais duros, quando, com as reformas de 488/87, passa a aplicar-se a escolha para o cargo pelo método de tiragem à sorte entre 500 candidatos, estes sim eleitos pelo povo. Sobre estas matérias, veja-se J. R. Ferreira, *A democracia na Grécia antiga* (Coimbra 1990) 108-12.

[101] A barricada foi erguida do lado oeste da Acrópole, onde, mais tarde, inserido no projecto pericleano de reconstrução e embelezamento da parte alta de Atenas, viriam a erguer-se os majestosos Propileus, isto é, os pórticos de entrada no recinto sagrado.

[102] Apresentado em 7. 141. 3-4.

[103] Pisístrato, tirano de Atenas entre 561-528, ano da sua morte, teve um papel importante na transformação da acrópole da cidade em centro cívico e religioso. Sucederam--lhe os seus filhos, Hípias e Hiparco, que, promovendo um exercício político mais despótico do que o do seu pai, tiveram fins nefastos (com Hípias a ser expulso e Hiparco assassinado), provocando o desaparecimento da tirania em 510. De facto os descendentes do velho

que se aproximavam das portas pedregulhos enormes. De tal maneira que Xerxes, durante um longo período, teve a sua tarefa dificultada e não conseguia capturá-los[104].

53.1 Com o passar do tempo, acabou por surgir uma solução para o contratempo que os Bárbaros enfrentavam. De facto era imperioso, segundo a predição do oráculo, que toda a região da Ática continental ficasse sob o jugo persa. Foi de frente para a Acrópole, mas do lado oposto às portas e à via de acesso, lá onde ninguém se encontrava de vigia nem se esperava que nenhum ser humano pudesse subir, foi precisamente por esse lugar, próximo do templo de Aglauro, filha de Cécrops, e a despeito do escarpado da zona, que alguns homens entraram[105]. 2 Ao perceber que os inimigos estavam a trepar à Acrópole, uma parte dos Atenienses atirava-se das muralhas abaixo e morria[106], a outra fugia para a grande sala do templo. Os Persas que tinham feito a escalada dirigiram-se de imediato às portas do santuário e, tendo-as aberto, mataram os suplicantes. Estando os Atenienses todos aniquilados, pilharam o templo e queimaram por completo a Acrópole[107].

54 Diante da tomada esmagadora de Atenas, Xerxes enviou a Susa um mensageiro a cavalo a anunciar a Artabano o presente sucesso[108]. No dia

---

tirano parecem não ter desistido facilmente de voltar ao governo da sua *pólis*, nem que para isso tivessem de aliar-se aos Persas. Hípias e seus familiares procuraram mesmo refúgio em Susa (7. 6. 2).

[104] Heródoto não diz quanto tempo demorou a tomada da Acrópole, mas J. A. R. Munro (*CAH* IIV, 304) calcula que tenham passado três semanas. *Vide* também R. Sealey, "A note on the supposed Themistocles decree", *Hermes* 91 (1963) 376 sq. Tal como na *Ilíada* face à ordem de Agamémnon para partir sem tomar Tróia (2. 149), neste momento a notícia é tão aterradora para os Gregos que se prepararam para fugir, mesmo antes de o Conselho ter tomado uma decisão sobre a matéria.

[105] A tomada da acrópole de Atenas a partir de um ponto julgado invencível torna este episódio muito semelhante à tomada de Sardes por Ciro (cfr. 1. 84). Também aqui o lugar mais escarpado da acrópole, e portanto tido como inexpugnável, fora deixado sem guarda. O acesso por esse ponto acabaria por ser revelado quando um soldado lídio desceu por ele para ir buscar o elmo que deixara cair.

[106] O destino destes homens é muito idêntico ao das suas antepassadas míticas Aglauro, Herse e Pândroso (cfr. *supra*, nota 81).

[107] Este era, sem dúvida, o desagravo pela queda de Sardes, vítima de semelhante tratamento por parte dos Gregos (5. 102; 7. 8. 3 e 11. 2). Como bem sintetizam as palavras de Waters, "o incêndio da acrópole de Atenas foi um acto deliberado, de natureza propagandística e que mostra que a vingança deve recair sobre aqueles que fizeram o mesmo ao território persa" (*Herodotos on tyrants*, 81).

[108] Durante a ausência de Xerxes, Artabano, seu tio, desempenhava o lugar de regente na Pérsia (7. 52. 2).

seguinte à partida do arauto, o rei convocou os trânsfugas atenienses que se lhe tinham juntado e ordenou-lhes que subissem à Acrópole e realizassem sacrifícios segundo o seu ritual. Tomou estas providências ou por causa de alguma visão que tivera em sonhos ou porque sentia remorsos por ter incendiado o templo sagrado. Os trânsfugas cumpriram as suas ordens.

55   A razão por que recordei estes acontecimentos é a que passo a explicar. Existe na Acrópole um templo de Erecteu[109], que se diz ter nascido da terra; no seu interior encontram-se uma oliveira e uma fonte de água salgada, testemunhos, na versão dos Atenienses, da disputa de Poséidon e Atena pela sua terra[110]. Aconteceu que essa oliveira foi queimada pelos Bárbaros juntamente com o templo. Mas no segundo dia a seguir ao incêndio, quando os Atenienses indicados pelo Rei para efectuarem os sacrifícios subiram ao templo, viram nascer do tronco calcinado um rebento com cerca de um côvado de altura[111]. Foi este o relato que esses homens então fizeram.

56   Os Gregos estacionados em Salamina, ao tomarem conhecimento do que se passara com a Acrópole de Atenas, ficaram de tal forma perturbados que alguns dos estrategos nem esperaram que se deliberasse sobre o assunto em questão[112]. Precipitaram-se para os seus barcos e

---

[109] Este edifício, existente no tempo de Heródoto, não corresponde ao primitivo Erectéion, incendiado durante a invasão persa (cfr. *supra*, cap. 41). Tratar-se-ia, portanto, ou de um templo dedicado a Atena Políade e a Erecteu, como sugere Masaracchia (*com. ad loc.*), ou de alguma pequena capela, destinada ao culto do herói ateniense (vd. Schrader, *com. ad loc.*). Também não deve confundir-se com o templo que o veio a substituir, igualmente chamado Erectéion, cuja construção só teve início 60 anos depois da destruição dos Bárbaros, em 420.

[110] A oliveira ficava no Pandroseu, a oeste do Erectéion. Quanto ao 'mar', a fonte salgada, de que fala Heródoto, devia querer referir a grande cisterna situada numa divisão ocidental do templo. Segundo o mito, Poséidon chegou primeiro e, tocando com o tridente no solo, fez brotar uma fonte de água salgada na Acrópole. Depois veio Atena e rebentou uma oliveira. Este momento está representado no frontão ocidental do Pártenon, simbolizando o triunfo de Atena. Cécrops atribuiu a cidade à deusa.

[111] Medida que corresponde aproximadamente a 45 cm.

[112] Como se disse no cap. 49, os chefes dos Gregos estavam reunidos para decidir o local onde se deveria dar o combate naval e só tomaram essa posição depois de saberem do saque e incêndio de Atenas. Não esqueçamos que essa questão é colocada por Euribíades antes da chegada dos Persas à Ática, ou seja, três dias antes. Se lembrarmos que esse seria o final previsível, uma vez que apenas tinham ficado na cidade os guardas do tesouro de Atena e um punhado de homens de parcos recursos (cap. 51), o pânico agora atribuído aos generais gregos não tem razão de ser. Deverá, portanto, ter razão Hignett (*Xerxes' invasion of Greece*, 213), ao considerar esta referência um empolamento do Autor.

desfraldaram as velas, prontos a partir. Decidiu-se então que aqueles que ficaram travassem combate naval diante do Istmo. Anoiteceu, dissolveu-se o Conselho e cada um recolheu ao seu navio[113].

Assim que Temístocles chegou ao seu, Mnesífilo, um Ateniense, perguntou-lhe o que ficara resolvido[114]. Informado da decisão de conduzir as naus até ao Istmo e de combater diante do Peloponeso, Mnesífilo argumentou: "Se levarem as naus para fora de Salamina, passas a lutar por uma pátria que já não existe, uma vez que cada um se prepara para partir para a sua cidade. E nem Euribíades nem nenhum outro homem será capaz de os deter e evitar o desmembramento do exército. A Hélade perecerá vítima de tal imprudência. Mas se há alguma alternativa, se de algum modo fores capaz de persuadir Euribíades a mudar de opinião e a permanecer aqui, regressa ao Conselho e tenta desfazer as resoluções tomadas".

57.1

2

Esta sugestão agradou bastante a Temístocles, que, sem dar qualquer resposta às palavras de Mnesífilo, se dirigiu ao barco de Euribíades. Mal chegou, Temístocles anunciou que queria discutir um assunto de interesse comum. Euribíades, assim que o estratego ateniense entrou no seu barco, pediu-lhe que dissesse o que desejava. Sentando-se então junto dele, Temístocles transmite-lhe a opinião ouvida de Mnesífilo. Fazendo seus

58.1

2

---

[113] Nova introdução de um motivo típico da épica homérica: o cair da noite a determinar o fim das actividades dos homens (cfr. *e. g.*: *Ilíada* 8. 502 sq.; 9. 65; *Odisseia* 12. 291 sq.).

[114] A figura de Mnesífilo tem sido alvo de duas leituras diferentes. Segundo Masaracchia (*com. ad loc.*) ele representa a necessidade do homem homérico de ser impulsionado por uma força externa para tomar uma decisão difícil – inspiração essa que, no autor épico, vinha sobretudo da parte dos deuses. R. Lattimore, por seu turno, considera-o um exemplo de conselheiro, uma personagem tipo em Heródoto ("The wise adviser in Herodotus", *CP* 34, 1939, 24-35). Foram encontrados no Ceramico, em Atenas, inúmeros *ostraka* com o seu nome. Este achado aponta, por certo, para a importância política de Mnesífilo, pois era nesses cacos de barro que os cidadãos da cidade votavam o político que queriam exilar por um período de dez anos. *Vide* F. J. Frost, "Themistocle and Mnesiphilus" *Historia* 20. 1 (1970) 20-5. Qualquer que seja o entendimento do papel de Mnesífilo, a astúcia de Temístocles e o contributo decisivo que o general ateniense deu para a adopção da estratégia final não saem diminuídos. Quanto à historicidade deste e de muitos outros discursos (como o que dirige Artemísia a Xerxes, *infra* cap. 68), são elucidativas as observações que a esse propósito tece Waters: "Pois bem, neste tipo de dramatização, o porta-voz principal (i. e., Temístocles) é uma figura histórica, o assunto é historicamente válido, mas a forma e o momento são um produto da imaginação, da imaginação criativa de um historiador formado na épica" (*Herodotos on tyrants*, 167). A Heródoto interessava, na opinião do mesmo helenista, cativar um auditório, o público da Ágora, que captava melhor a informação transmitida em discurso directo do que em longas exposições descritivas.

os argumentos deste e acrescentando-lhe muitos outros, convenceu-o com as suas súplicas a sair do navio e a convocar os generais para um conselho de guerra.

59 Quando os estrategos já estavam reunidos em assembleia, antes mesmo de Euribíades expor a razão pela qual os convocara, Temístocles fez um longo discurso, tal era o seu empenho naquela causa. Perante a exposição, Adimanto, filho de Ócito, o comandante de Corinto, exclamou: "Temístocles, nos concursos, os que partem antes de o sinal ser dado são penalizados"[115]. Ao que, em sua defesa, lhe respondeu o general ateniense: "Mas os que ficam para trás não recebem a coroa da vitória"[116].

60 Esta resposta foi dada ao Coríntio em tom calmo[117]. Dirigindo-se a Euribíades, já não repetiu o discurso anterior – que, quando se afastassem de Salamina, as tropas dispersar-se-iam. De facto não lucrava nada em fazer acusações na presença dos aliados; pelo que assumiu uma outra argumentação.

α Estas foram as suas palavras: "Em ti reside, agora, a salvação da Grécia, isto se confiares em mim e permaneceres neste local, com o intuito de travar um combate naval, e não vogares para o Istmo, convencido pelos argumentos desses outros. Depois de me ouvires, compara as duas propostas. Combatendo junto ao Istmo, vais lutar em mar aberto, o que não nos convém absolutamente nada, pois temos barcos mais pesados e em menor número[118]. Com essa táctica perderás Salamina, Mégara e Egina, mesmo que no restante sejamos bem sucedidos. Além disso, o exército terrestre dos Bárbaros acompanhará a armada, de maneira que tu próprio os vais levar até ao Peloponeso, pondo em perigo

β a Hélade inteira. Mas, se por ventura fizeres aquilo que te proponho, estas são as vantagens que tirarás de tal opção: antes de mais, se

---

[115] A crítica de Adimanto prende-se com o facto de Temístocles ter tomado a palavra sem aguardar autorização do presidente do Conselho, Euribíades. O castigo infligido aos atletas que fizessem uma falsa partida era físico, recebiam açoites (Tucídides 5. 50. 4; Xenofonte, *Helénicas* 3. 2. 31; Pausânias 6. 2. 2).

[116] Shimron estabelece um levantamento e análise dos passos que nas *Histórias* contêm humor. Conforme nota a autora e embora tenha passado mais ou menos despercebida aos comentadores, esta característica, está intimamente ligada à própria génese da obra. Escrita, segundo ela, para ser lida a um auditório, devia naturalmente manter atento o público e fazia-o também através deste recurso (*Politics and belief in Herodotus*, 58-71).

[117] A oposição aberta de Adimanto às propostas de Temístocles reflecte a rivalidade existente entre Corinto e Atenas. Na verdade, as relações entre as duas cidades esfriaram, quando esta se tornou a primeira potência marítima da Grécia, entre 483-480.

[118] Construídos segundo a técnica coríntia, os barcos gregos eram mais pesados do que os persas, que seguiam os modelos fenícios. Vide L. Basch, "Phoenician oared ships", *The Mariner's Mirror* 56 (1969) 139 sqq. e 227 sqq.

combatermos num estreito com poucas naus contra um inimigo numeroso – a confirmarem-se as nossas expectativas sobre a batalha – sairemos vencedores incontestáveis; na verdade o combate num espaço apertado favorece-nos a nós, mas em espaço aberto são eles que lucram. Além do mais preserva-se Salamina, onde se encontram em segurança os nossos filhos e esposas. Esta via, a melhor a adoptar, apresenta mesmo a seguinte vantagem: permanecendo aqui, vais também combater pelo Peloponeso, tal como se estivesses no Istmo, além de que, se pensares bem, não guiarás os Bárbaros até lá. Se acontecer o que eu espero e ganharmos a batalha, os Bárbaros não só não alcançarão o Istmo, como não hão-de avançar para lá da Ática; antes, desorientados, batem em retirada. E nós só ficaremos a ganhar com a salvação de Mégara, de Egina e de Salamina. Nesta ilha há mesmo um oráculo que anuncia a nossa superioridade sobre os inimigos.   γ

Aos homens que deliberam com sensatez geralmente fazem-se votos para que sejam bem sucedidos. Mas a propósito das decisões imprudentes nem se tece nenhum desejo nem a divindade lhes dá o seu apoio[119]".

Terminada a exposição de Temístocles, o coríntio Adimanto pronunciou-se novamente contra ele, ordenando que se calasse quem nem pátria tinha e que Euribíades não deixasse votar um homem sem cidade. Exigia, pois, que Temístocles só exprimisse a sua opinião, depois de ter nomeado a sua cidade. Dirigiu-lhe estas acusações porque Atenas tinha sido tomada e estava ocupada. Então Temístocles disse-lhe a ele e aos Coríntios poucas e boas, contrargumentando que a sua cidade e o território da Ática eram melhores do que os deles, pois tinham duzentos navios equipados para combater. A verdade é que nenhum outro povo grego era capaz de sustentar um ataque ateniense[120].   61.1

2

Feitos estes reparos, dirigiu-se a Euribíades, a quem falou com mais veemência: "Tu, se permaneceres aqui, serás um homem sensato. Mas, se não o fizeres, serás a causa da ruína da Hélade. Sem dúvida que os barcos constituem todo o nosso suporte bélico. Confia em mim! Se não   62.1

2

---

[119] A sentença que encerra o discurso de Temístocles, contendo uma exaltação da decisão correcta, evoca, do lado do adversário, o discurso de Artabano (7. 10 d 2). Ao descrever os acontecimentos cerca de 40 anos depois de se terem dado, Heródoto (que já se confessara simpatizante da estratégia de Temístocles em 7. 139), elogia os Atenienses como salvadores da Grécia. Paralelamente apresentava o plano de defesa do Istmo como um erro militar.

[120] O argumento apresentado por Temístocles para enaltecer Atenas – a sua poderosa frota – será o mesmo que o seu compatriota Aristides, após a retirada persa da Hélade, exibirá como justificação para a hegemonia da cidade de Palas na Simaquia de Delos. A semente do imperialismo germinava e viria a deparar com uma rival poderosa, Esparta, dando origem, entre 431 e 404 à fratricida Guerra do Peloponeso.

        agires de acordo com este plano, nós, os Atenienses, logo que tenhamos reunido as nossas famílias, transferimo-nos para Síris, na Itália, que é nossa já desde tempos recuados e onde os oráculos anunciam que devemos fundar uma colónia[121]. Vocês, porém, depois de desprezarem aliados do nosso valor, hão-de lembrar-se dos meus conselhos".

63   Graças às ameaças de Temístocles, Euribíades compreendia melhor a situação. Em meu entender, o que o fez tomar o partido incondicional dos Atenienses foi o receio de estes o abandonarem, caso conduzisse os barcos até ao Istmo[122]. Se os Atenienses partissem, os restantes aliados já não seriam capazes de aguentar o combate. Euribíades toma, por conseguinte, a decisão proposta, de permanecer em Salamina e aí travar a batalha naval.

64.1   Quando Euribíades se decidiu por esta estratégia, aqueles que até então estavam em desacordo sobre a questão de Salamina, prepararam-se para combater ali mesmo. Ao nascer do dia, mesmo ao romper da aurora,

2   deu-se um sismo em terra e no mar. Os Gregos decidiram dirigir preces aos deuses e evocar o auxílio dos Eácidas[123]. Diante dessa resolução, agiram conforme se segue: oraram a todos os deuses, dali mesmo, de Salamina, invocaram Ájax e Télamon e enviaram um barco a Egina, em busca de Éaco e dos outros Eácidas[124].

---

    [121] A fuga de indivíduos para outros lugares, quando se vêem privados da sua pátria, é um motivo recorrente em Heródoto (cfr. 3. 57-9 e 148; 4. 147-49; 5. 42-8, 124-6; 6. 22--25, 33, 34-41, 67-70, etc.). A expansão de Atenas para Ocidente será uma característica do regime democrático; pense-se em Túrios, colonizada no tempo de Péricles, e muitas outras cidades da Sicília. Quanto a Síris, cuja fundação era tradicionalmente atribuída a Troianos escapados com vida ao saque da sua cidade, a reclamação agora feita por Temístocles tem como único suporte histórico o ascendente dos Atenienses sobre os Iónios, estes, sim, colonizadores da cidade, oriundos de Cólofon (*vide* J. Bérard, "Les Ioniens à Siris", *Charites. Festschrift E. Langlotz*, München, 1957, 218 sqq.).

    [122] A ameaça de abandono do campo de batalha é um outro motivo épico, imortalizado na figura de Aquiles. A atitude do herói aqueu – acompanhada da retirada dos seus homens, os Mirmidões, desde o canto I até ao XVI da *Ilíada* – põe em perigo a vitória dos Gregos sobre os Troianos. Euribíades aceita a proposta de Temístocles sem consultar os outros generais; porém, como veremos no cap. 74, os Peloponésios não estavam convencidos de que fosse essa a escolha acertada.

    [123] O patronímico Eácidas designa Éaco e os seus filhos, Peleu (pai de Aquiles), Foco e Télamon. Peleu e Télamon assassinaram o meio-irmão, Foco, e foram punidos pelo pai com o desterro para Egina. Daí Télamon partiu para Salamina, onde nasceu o filho, Ájax (*Ilíada* 2. 557 sq.), e Peleu para a Ftia. Cfr. Píndaro, *Nemeia* 5. 7-16; Ovídio, *Metamorfoses* 11. 266-70; Pausânias 2. 29. 2 sq.; Higino, *Fábulas* 14.

    [124] Este barco foi enviado a Egina, de onde regressará mesmo a tempo do início da batalha de Salamina (cfr. *infra*, caps. 83-4). Sobre a importância da acção do divino para o desenlace dos empreendimentos humanos, veja-se o que, mais adiante neste livro, Temístocles, ao avaliar a vitória de Salamina, dirá: "não fomos nós que realizámos este feito, mas os

Diceu, um Ateniense filho de Teócides, desertor da causa grega, 65.1
figura considerada entre os Medos, contava que, no tempo em que a
região da Ática era devastada pelo exército terrestre de Xerxes e estava
deserta, quando ele, por acaso, se encontrava na planicíe de Tria[125] na
companhia do Lacedemónio Demarato[126], tinha visto avançar de Elêusis
uma nuvem de pó, como se fosse levantada por cerca de três mil
homens[127]. Interrogavam-se sobre que espécie de homens podia produzir
aquele pó, quando, subitamente, ouvem um som de vozes. Este parecia-
-lhe ser um hino mistérico em honra de Íaco[128].

Desconhecedor dos mistérios de Elêusis, Demarato perguntou-lhe 2
que barulho era aquele que se fazia ouvir. E Diceu respondeu-lhe:
"Demarato, é muito provável que uma grande tragédia sobrevenha ao
exército do Rei. É óbvio que, estando a Ática deserta, o cântico divino
que se ouve vem de Elêusis em socorro dos Atenienses e dos seus aliados.
Se esse cântico atingir o Peloponeso, o Rei e o seu exército terrestre 3
correrão perigo. Se, ao invés, ele se dirigir para as naus que estão em
Salamina, o Rei corre o risco de perder a sua frota. Os Atenienses 4
celebram todos os anos esta festa em honra da Mãe e da Filha e quem, de
entre eles e os restantes Gregos, o desejar é iniciado. Pois bem, o cântico
que ouves é o que, por ocasião dessa festa, entoam em honra de Íaco".

---

deuses e os heróis" (109. 3). O autor, aliás, não fez mais do que ecoar a mentalidade da época, conforme indica semelhante juízo nos *Persas* de Ésquilo: "Mas houve um deus que destruiu o nosso exército, ao fazer que a sorte desequilibrasse, em favor dos Gregos, o peso dos pratos da balança. Os deuses salvaram a cidade de Palas" (vv. 345-7, in *Ésquilo. Persas*. Tradução do grego e notas de Manuel Oliveira Pulquério, Lisboa 1998).

[125] A planície de Elêusis, que se estendia a sudoeste do monte Parnete e era fechada a norte e a oeste pelo monte Citéron e pelas colinas de Mégara, recebe também a designação de Triásia, derivada do demo de Tria.

[126] Demarato era um dos dois reis de Esparta, filho de Aríston, membro de uma das famílias reais de Esparta, a dos Euripôntidas, governante em Esparta de ca. 510 a 491. Destronado pelo outro diarca, Cleómenes (5. 61), foi exilar-se na corte de Xerxes, onde assume o papel de sábio conselheiro (cfr. 7. 3, 101-4, 209 e 234-5).

[127] Três mil é um número convencionalmente aceite para o total de cidadãos no tempo de Heródoto. Este quantitativo significa que os Atenienses participariam em massa nos festejos das suas duas principais divindades agrárias, Deméter e Perséfone. Em Elêusis, além destas, venerava-se também Triptólemo. W. Burkert oferece uma boa análise sobre os Mistérios de Elêusis (*Religião grega*, 345-53).

[128] O nome do deus, Íaco, deriva da designação atribuída ao grito dos iniciados, a 'iacha' (ιαχή). Íaco foi confundido com Baco, devido à semelhança fonética dos dois nomes. A grande procissão que, ao longo da Via Sagrada, se fazia de Atenas a Elêusis (mais de 30 km), iniciava-se no décimo nono dia do Boedrómion (um mês de Outono) e terminava na noite do vigésimo. Nela eram transportadas pelas sacerdotisas 'as coisas sagradas', em cortejo acompanhado pelo som de cânticos e sob a luz dos archotes (cfr. Aristófanes, *Rãs*, vv. 398-413).

5   Ao que Demarato respondeu: "Cala-te e não dês essa explicação a mais ninguém. Se essa história chega aos ouvidos do Rei, ficas sem cabeça[129]. E nem eu nem nenhuma outra pessoa poderá salvar-te. Mas fica tranquilo, pois os deuses vão proteger este exército". Tal foi o
6   conselho de Demarato. Com a poeira de onde provinha o canto formou--se uma nuvem, levada pelos céus até Salamina, para junto do acampamento dos Gregos. E foi assim que ficaram a saber que a frota de Xerxes iria perecer. Comprovada por Demarato e outras testemunhas, era esta a história de Diceu, filho de Teócides.

66.1   Depois de terem assistido à derrota dos Lacónios, os soldados do exército naval de Xerxes, vindos de Tráquin, partiram para Histieia. Após três dias de descanso, contornaram de barco o Euripo e em outros três encontraram-se em Falero[130]. Na minha opinião os Bárbaros atacaram a Ática com um número de tropas terrestres e barcos não inferior ao levado
2   para o cabo Sépias e para as Termópilas. Aos que morreram vítimas da tempestade, aos que perderam a vida nas Termópilas ou no combate naval do Artemísio, contraporei todos os que naquela ocasião ainda não seguiam o Rei, a saber: os Málios, os Dórios, os Locros, os Beócios – que levaram todas as suas forças armadas, excepto os Téspios e os Plateenses. Acrescentemos ainda os Carístios, os Ândrios, os Ténios e todos os outros habitantes das ilhas, com exclusão das cinco cidades, cujos nomes recordei anteriormente[131]. Quanto mais penetrava no interior, mais povos tinha o Persa a segui-lo.

---

[129] Levanta-se aqui a questão da liberdade de falar. A este respeito, veja-se P. Hohti, "Freedom of speech in speech sections in the *Histories* of Herodotus", *Arctos* 8 (1974) 19-27.

[130] Heródoto retoma a narração dos movimentos da frota persa, interrompida no cap. 25, momento em que dera conta da vitória dos Bárbaros em Histieia e do convite de Xerxes aos Gregos para contemplarem as baixas provocadas pelo seu exército na região. São agora apresentados, de forma mais reduzida, seis dias do seu diário, ao fim dos quais os Persas se encontram em Falero.

[131] No que diz respeito ao exército de terra, é provável que se mantivesse um quantitativo mais ou menos idêntico ao anterior à batalha das Termópilas. Quanto à frota, o contingente ter-se-ia forçosamente alterado. Os povos referidos como futuros aliados do Bárbaro são todos provenientes de pequenas ilhas. Parece pouco provável que esses reforços fossem suficientes para compensar as baixas, estimadas em 600 navios (cfr. 7. 190 e 8. 13), perdidos em tempestades (400 junto a Magnésia e 200 às costas de Eubeia), ao que acrescem provavelmente ca. 50, perdidos em combate (cfr. 7. 194, 8. 11, 14 e 16), para um total de 1327 (1207+127: cfr. 7. 89. 1 e 185. 1). As únicas cidades que não medizaram já as mencionara o autor no cap. 46, só que agora fala apenas de cinco e não de dez (Egina, Cálcis, Erétria, Ceos, Naxos, Estira, Citnos, Serifo, Sifnos e Melos). M. Lombardo ("Hdt., 8, 66 e l' isola dimenticata", *ASNP* 13. 1, 1983, 161-9) desfaz a ideia tradicionalmente aceite entre os comentadores de que neste passo, por comparação com a descrição feita no cap. 46, o Autor se descuidou, uma vez que os dados não coincidem. Equacionava-se a

Assim que todas as tropas chegaram a Atenas – salvo os Périos, que se tinham deixado ficar para trás, em Citno, na expectativa de verem como iria decidir-se a guerra[132] – a restante armada aportou a Falero. Aí Xerxes, em pessoa, dirigiu-se aos barcos, com o desejo de se reunir às tripulações e de tomar conhecimento das suas opiniões[133]. Depois de o Rei ter chegado e ocupado o assento principal[134], compareceram à convocatória os tiranos de cada povo e os comandantes dos navios, tomando o respectivo lugar de acordo com a honra que aquele lhes reconhecia. Primeiro sentou-se o rei de Sídon, depois o rei dos Tírios e de seguida os restantes[135]. Quando já estavam instalados consoante a hierarquia estabelecida, Xerxes, pondo-os à prova, mandou Mardónio perguntar-lhes se devia travar um combate naval.

Mardónio fez rodar a questão, começando pelo rei de Sídon. Enquanto todos exprimiam a opinião de que era imperioso travar a batalha

67.1

2

68.1

---

diferença do número de cidades em 6, para o cap. 46, e 5 neste. Porém, ao inventariar a participação dos habitantes das ilhas no contingente heleno da batalha de Salamina, o historiador falava de 10 nomes, não de seis. Os comentadores reduziam-no a seis por entenderem que, em Heródoto, nhsiîtai tem o sentido restrito de 'habitantes das ilhas Cíclades'. Considerando essa tradução limitativa, Lombardo explica que a discrepância entre os dois passos deixa de existir, se atentarmos no facto de no presente capítulo Heródoto estar a indicar as forças que vieram integrar as frentes persas no espaço de tempo que mediou entre o final da batalha do Artemísio e a invasão da Ática. Daí que as cinco cidades que agora exclui sejam precisamente as que se juntaram aos Gregos depois do Artemísio (Naxos, Citnos, Serifos, Sifnos e Melos). Das restantes não valia a pena falar, pois já se sabia que tinham tomado o partido heleno desde o Artemísio.

[132] A posição assumida por Paros, no que se refere à batalha de Salamina, é de expectativa. Contrariamente ao que fizera dez anos antes, ao participar como aliada dos Persas em Maratona (6. 133). Esta cautela deve ser o resultado da punição sofrida por "medizarem". De facto, o comandante das tropas gregas de então, Milcíades, após a vitória em Maratona, conduz uma expedição e cerca Paros (6. 132-5). E embora os habitantes da ilha tenham levado a melhor, não esqueceram os sofrimentos passados.

[133] O uso de emissários na transmissão de opiniões dos súbditos ao seu rei é uma prática que entre os Bárbaros remonta ao monarca Déjoces (1. 99. 1).

[134] Heródoto está a referir-se a um trono ou assento, destinado ao monarca, que ficaria mais elevado do que os lugares dos restantes (7. 44).

[135] O rei da cidade fenícia de Sídon, Tetramnesto, recebe um tratamento de distinção entre os restantes tiranos e comandantes dos aliados persas, ao que se pensa devido à fama que os seus homens tinham de excelentes marinheiros. Já em 7. 98, Heródoto deu conta da importância que lhe era conferida por Xerxes. Aliás, tanto aí como em 7. 96, afirma-se mesmo que os seus barcos eram os mais eficazes na arte de navegação a integrar a frota bárbara. Como se sabe, os Persas não eram um povo de marinheiros (1. 143), ao passo que os Fenícios tinham uma longa tradição de experiência marítima. Sobre o papel do rei sidónio na armada persa, cfr. H. Hauben, "The king of the Sidonians and the Persian imperial fleet", *AncSoc* 1 (1970) 1-8.

α   no mar, Artemísia, contudo, proferiu esta resposta[136]: "Mardónio, em meu nome, transmite ao rei a minha opinião. Não fui a pior combatente na batalha naval de Eubeia, nem o meu contributo foi o mais insignificante. Senhor, é pois justo que apresente a minha opinião sincera, que, por acaso, considero ser a solução que melhor serve os teus objectivos. Este é o meu conselho: poupa os teus barcos. Não traves uma batalha no mar. A verdade é que os soldados gregos são no mar mais fortes do que os teus, na proporção em que os homens o são relativamente às mulheres. Que necessidade tens tu de correr os riscos

2   inerentes aos combates navais? Não possuis Atenas, em nome da qual te lançaste nesta empresa?[137] És portanto senhor do resto da Grécia. Para ti ninguém constitui um obstáculo. Aqueles que te fizeram frente, foram

β   afastados – como convinha[138]. A minha opinião sobre qual será o desfecho dos acontecimentos para o inimigo é a que passarei a explicar.

---

[136] Artemísia é uma rainha viúva que, após a morte do marido, assume o lugar deste como senhora de Halicarnasso. Heródoto já dera a conhecer as suas excelentes qualidades políticas e guerreiras (7. 99). O seu desempenho em Salamina será relatado mais adiante nos caps. 87-8. Depois da derrota de Salamina, batalha contra a qual se manifesta a rainha bárbara, Xerxes não só reconhecerá que ela tinha razão, como a distinguirá de entre todos os aliados, ao confiar-lhe a guarda dos filhos no regresso a Susa (8. 101). Do ponto de vista da estrutura da história do Rei, Artemísia representa, tal como Artabazo para Mardónio (9. 41) e Mnesífilo para Temístocles (8. 57), do lado grego, uma figura de conselheiro. À imagem do que sucede aqui, frequentemente o conselho é recusado, pelo que passa a assumir o valor de um aviso. Ao ignorá-lo, o monarca deixa-se tomar pela cegueira, acto esse que se transforma num presságio de desgraça. A título ilustrativo da importância destas figuras na estrutura narrativa dos percursos dos vários reis bárbaros, refiram-se outros exemplos célebres: Sólon (junto de Creso, 1. 32), Creso (na corte de Ciro, 1. 88-9, 155, 207), Artabano (para Dario, 4. 83; para Xerxes, 7. 10 e 46-51) e Demarato (junto de Xerxes, 7. 101-4 e 209). A propósito da figura do conselheiro, veja-se Lattimore, "The wise adviser". O exotismo da figura da rainha e o tratamento excepcional que lhe é conferido pelo Rei, bem como a estranheza que representa para a mentalidade de um Grego a participação da mulher na guerra à frente de um contingente de guerreiros, devem ter contribuído decisivamente para a atenção que lhe é dispensada pelo historiador. Não esqueçamos que o contributo de Artemísia foi de apenas cinco barcos, num total das 1327 unidades da armada persa. Sobre a importância da mulher nas *Histórias*, leia--se A. Tourraix, "La femme et le pouvoir chez Hérodote", *DHA* 2 (1976) 369-86. *Vide* ainda R. Vignolo, "Artemisia in Herodotus", *CA* 19. 1 (1988) 91-106 e, para uma interpretação da rainha viúva e reinante como quase um tipo nas *Histórias*, A. L. Amaral, *Mulheres-rainhas em Heródoto* (Dissertação de Mestrado em Literaturas Clássicas, apresentada à Faculdade de Letras da Universidade de Coimbra, 1992).

[137] Cfr. 7. 8 b.

[138] Os Persas pretendiam vingar-se dos Atenienses que, em resposta ao pedido de auxílio do tirano de Mileto, Aristágoras, e juntamente com a cidade eubeia de Erétria, participaram na expedição ida do continente para tomar Sardes aos Bárbaros (em 498; cfr. 5. 97-99). Nem o templo de Cíbele foi poupado. Artemísia está aqui a aludir à razão pela qual os Persas tinham ódio aos Atenienses.

Se não te despachares a travar um combate naval, mas mantiveres os barcos neste lugar, próximo de terra, quer fiques, quer partas para o Peloponeso, felizmente para ti, Senhor, os sonhos que te impulsionam concretizar-se-ão. De facto os Gregos não são capazes de te resistir durante muito tempo. Dispersa-os e cada um procurará refúgio na sua cidade[139]. Segundo me informei, já não têm mais víveres nessa ilha nem é provável que, se conduzires o teu exército de terra para o Peloponeso, os naturais da região fiquem impassíveis, e não lhes interessará travar combate no mar em defesa dos Atenienses. Mas, se te apressares a realizar de imediato uma batalha naval, receio que a derrota do exército de mar seja prejudicial para o terrestre. Mais ainda, ó Rei, reflecte bem no teu coração que os maus escravos gostam de servir os melhores dos homens e que os melhores servos preferem amos malvados. Pois bem, tu – que és o melhor dos homens – tens servos perniciosos, que são tidos na conta de aliados. São eles os Egípcios, os Cipriotas, os Cílices e os Panfilos – de quem nenhum préstimo te advém".

2

γ

Enquanto Artemísia dirigia estas palavras a Mardónio, aqueles que simpatizavam com ela consideravam o seu discurso uma desgraça, pois, ao rejeitar a proposta de um combate naval, poderia despertar a má vontade do Rei. Porém os que a viam com maus olhos e a invejavam, já que era estimada entre os primeiros dos aliados, consideraram aquela atitude o seu fim.

69.1

Das respostas apresentadas a Xerxes a que mais lhe agradou foi a de Artemísia. E ele, que já antes a considerava uma mulher de mérito, passou a estimá-la ainda mais. No entanto ordenou que se seguisse a opinião da maioria. Desconfiado de que os seus homens teriam tido junto de Eubeia um desempenho deliberadamente fraco, por ele próprio se não encontrar lá, tomou providências para assistir em pessoa à batalha naval.

2

Depois de Xerxes ter dado ordem de partida, os Bárbaros conduziram as suas naus na direcção de Salamina, colocando-se ordenadamente em linha, de acordo com o plano estabelecido[140]. Mas aquele dia não chegou para se dar o confronto. A noite sobreveio e os soldados fizeram os preparativos para o dia seguinte. O pavor e o receio apoderaram-se dos Gregos, sobretudo dos homens do Peloponeso;

70.1

2

---

[139] De facto, o particularismo, reflectido no apreço pela independência, sobretudo política, da sua cidade, é uma característica fundamental do homem grego. O que irmana os Helenos e, simultaneamente, os distingue dos Bárbaros é a cultura. Veja-se nota 1 da Introdução e nota 52 deste comentário.

[140] O primeiro plano dos Persas seria, ao que tudo indica, fazer com que os Gregos viessem ao seu encontro e a batalha se desse em mar aberto, no golfo sarónico.

receavam que, por estarem a lutar em Salamina pela terra dos Atenienses, caso fossem vencidos e apanhados numa ilha, seriam cercados, deixando a sua própria terra indefesa[141].

71.1 O exército de terra bárbaro, com o cair da noite, marchou em direcção ao Peloponeso. Fizeram-se todos os possíveis para que os Bárbaros não penetrassem por terra. É que, assim que os Peloponésios tomaram conhecimento da morte dos soldados de Leónidas, postaram-se no Istmo homens provenientes de todas as cidades. Tinham por chefe

2 Cleômbroto, filho de Anaxândrides e irmão de Leónidas[142]. Já instalados, arrasaram a estrada esquirónida[143], depois do que decidiram, em assembleia, que se devia construir uma muralha a atravessar o Istmo[144]. Graças ao trabalho de muitos milhares de homens, levou-se a obra a bom termo[145]. Para aí foi transportada uma grande quantidade de pedras, tijolos, madeira e cestos de areia. Os trabalhadores que responderam ao pedido de socorro não tinham um momento de descanso, nem de noite nem de dia.

72 Os povos que acorreram em massa ao chamamento feito para o Istmo eram de origem grega: Lacedemónios, a totalidade dos Arcádios, Eleus, Sicíones, Epidáurios, Fliásios, Trezénios e Hermíones. Estes eram os que prestavam o seu auxílio e os que temiam seriamente pela Grécia em perigo. As restantes gentes do Peloponeso não se preocuparam nada

---

[141] Daqui se depreende que, na noite anterior à batalha, a infantaria persa começou a sua marcha sobre o Peloponeso, pelo que se refere a apreensão dos Peloponésios.

[142] Cleômbroto, filho do rei de Esparta Anaxândrides (entre 560-520), era membro da família real dos Ágidas. Foi pai de Pausânias, o grande vencedor da batalha de Plateias (4. 81; 5. 32; 9. 64 e 78).

[143] Este caminho, que leva a Mégara, era muito estreito e recebe a sua designação do facto de contornar as rochas Esquirónias (Estrabão 391; Pausânias 1. 44. 8).

[144] A muralha de que fala o autor não é mencionada por outros que abordaram os mesmos acontecimentos, Tucídides e Xenofonte. Ela ligaria o porto de Cêncreas (no Golfo Sarónico) ao Lequeu (no Golfo de Corinto), seguindo aproximadamente o *diolkos* (caminho para transporte dos barcos de uma à outra margem do Istmo), obra do tirano Periandro. Com a construção da muralha (que, segundo Diodoro 11. 16. 3, mediria 7.5 km de comprimento) ficaria obstruída a travessia do Istmo por terra e, desse modo, a entrada na região do Peloponeso. Há, ainda, notícias mais tardias, relativas a outros conflitos, a tentativas de erguer um obstáculo na zona do Istmo. Em 369 teria sido erguida uma paliçada destinada a reter o avanço de Epaminondas (Diodoro 15. 68. 3). Uma muralha terá protegido o Peloponeso durante as invasões gálicas em 279 (Pausânias 7. 6. 7). Mais certa terá sido a existência de uma muralha no tempo de Valeriano (253 A. D.), posteriormente reparada por Justiniano e usada pelas últimas vezes em 1463 e 1696 pelos Vénetos. Ainda hoje, um pouco a sul do actual canal (que data de finais do séc. XIX), é visível uma linha de pequenos penhascos que vai de um golfo ao outro.

[145] Essa obra só parece ter sido concluída no ano seguinte (cfr. 9. 7 b 1).

com com a questão, apesar de os Jogos Olímpicos e os de Carneia já se terem realizado[146].

Habitam o Peloponeso sete povos. Dois deles, de origem autóctone, estão hoje estabelecidos onde viviam antigamente: os Arcádios e os Cinúrios. Há um, porém, o povo aqueu, que não emigrou do Peloponeso, mas sim da sua própria terra; por isso habita um país estrangeiro. Dos sete povos os restantes quatro são, por conseguinte: os Dórios, os Etólios, os Dríopes e os Lémnios. Os Dórios têm muitas cidades e célebres; os Etólios apenas uma, Élide; os Dríopes possuem Hermíone e Ásina – que fica diante de Cardámila, na Lacónia[147]; dos Lémnios são todas as cidades das colinas; os Cinúrios, também eles autóctones, parecem ser os únicos Iónios, mas sob o domínio dos Argivos, com o passar do tempo, ficaram transformados em Dórios: são eles os Orneatas, uns periecos[148]. As restantes cidades destes sete povos, exceptuando as que referi, assumiram uma posição neutral. Se me é permitido falar abertamente[149], as cidades que se mantinham neutras estavam do lado dos Medos.

73.1

2

3

Os Gregos que se encontravam no Istmo dedicavam-se à dura tarefa de construir a muralha, uma vez que, antevendo já o percurso geral dos acontecimentos, não tinham esperanças de a armada sair vitoriosa. Os Gregos que estavam em Salamina, por seu turno, informados do que se passava, entraram em pânico, receando, não tanto por si, mas pelos do

74.1

---

[146] Conforme notámos anteriormente, a realização dos Jogos Olímpicos (cfr. nota 50) e dos Carneus fora o argumento usado pelos Espartanos para não participarem na Batalha de Maratona (7. 206). Estes últimos tinham a duração de nove dias e eram realizados pelos Dórios, primeiramente, em honra de Carno, o deus com forma de carneiro, que os acompanhava nas migrações, para passar, mais tarde, a ser substituído por Apolo.

[147] A cidade de Ásina, aqui mencionada, situava-se na costa sudoeste da Messénia e tinha sido povoada pelos habitantes de uma outra Ásina, localizada na Argólida, que, durante a primeira Guerra Messénia, sofrera a destruição dos Argivos. Os sobreviventes da cidade argiva procuraram asilo junto dos Espartanos, que lhes deram uma nova pátria. Esta, em memória da origem dos seus habitantes, recebe também o nome da primeira.

[148] Este passo levanta tais dificuldades aos comentadores que Legrand (com. ad loc.) propõe corrigir Ὀρνεῆται πορ Θυρεῆται. Desse modo Heródoto referir-se-ia aos Tireatas, habitantes de Tírea, a cidade mais importante da Cinúria, e não a Órneas, que fica a uns 20 km a nordeste de Argos. Seria difícil aceitar que aí residissem Cinúrios, pois a sua pátria situa-se no lado oriental do Peloponeso, a sul da Argólida, precisamente no lado contrário. Optamos, pois, por manter a versão da edição de Oxford. Para entender esta referência a Órneas, há que supor que a cidade foi conquistada antes de meados do séc. V e os seus habitantes reduzidos a uma condição idêntica à que tinham os periecos em Esparta. Sobre o estatuto deste grupo social, veja-se *supra* nota 49.

[149] A acusação de filopersianismo, feita por Heródoto aos povos do Peloponeso, vem introduzida por uma expressão cautelar 'se me é permitido falar abertamente'. Tal como noutras ocorrências da mesma natureza, sente-se neste passo a tensão que sobre determinadas matérias teria existido entre Heródoto e o seu público.

2   Peloponeso. Durante esse tempo os homens falavam em segredo, comentando com espanto a imprudência de Euribíades. Por fim a questão tornou-se pública. Convocou-se uma reunião e voltou-se a debater amplamente o assunto. Uns argumentavam ser necessário zarpar rumo ao Peloponeso e correr o risco que a decisão acarretava, em vez de ficarem a lutar por uma terra já conquistada[150]. Os Atenienses, os Eginetas e os Megarenses, no entanto, defendiam a permanência em Salamina e a luta pela sua defesa.

75.1   Entretanto Temístocles, apercebendo-se de que a proposta dos Peloponésios ia vencer, sai do Conselho a ocultas. Já cá fora, envia ao acampamento dos Medos um homem de barco, recomendando-lhe a mensagem que devia comunicar[151]. Chamava-se Sicino, pertencia à casa de Temístocles e era pedagogo dos seus filhos. Na sequência deste desempenho, Temístocles fê-lo cidadão de Téspias – uma vez que os Téspios aceitam novos cidadãos[152] – e tranformou-o num homem rico.

2   Depois de ter desembarcado, Sicino falou aos generais bárbaros nos seguintes termos: "Enviou-me, às escondidas dos Gregos, o general ateniense, que, por sinal, é do partido do Rei e deseja que vocês, mais do que os Gregos, alcancem a vitória[153]. Mandou-me informar-vos de que aqueles, tomados de pavor, se decidem pela fuga e de que, nesta circunstância, se não os deixarem escapar, se vos oferece a oportunidade de realizarem a mais bela das missões. De facto eles não se encontram de acordo e, portanto, já não vos oporão resistência. Vão vê-los a lutar entre si, tanto os que são a vosso favor como os que o não são". Transmitido o recado, o mensageiro retirou-se.

76.1   Para os Persas aquelas eram notícias dignas de confiança. Pelo que muitos desembarcaram na pequena ilha de Psitália, situada entre Salamina e o continente[154]. A meio da noite, formando um círculo em torno de

---

[150] Referiam-se, naturalmente, à Ática.

[151] Outras narrativas do estratagema encontram-se nos *Persas* de Ésquilo (vv. 353--60) e em fontes mais tardias, como Diodoro (11. 17. 3 sq.), Plutarco (*Temístocles* 12. 4) e Polieno (1. 30. 3), Aristodemo (*FGrHist* 104 F 1). As posições dos estudiosos sobre a historicidade do episódio dividem-se entre os que a aceitam (How-Wells, 379-81) e os que lhe levantam grandes suspeitas (Hignett, *Xerxes' invasion of Greece*, 403-8). Mas, mesmo excluindo este episódio da narração, as manobras da armada persa realizadas durante a noite não deixam de ser credíveis.

[152] A aceitação de novos elementos para o corpo cívico da cidade de Téspias resultaria das baixas sofridas com o desastre das Termópilas e outros (7. 222 e 9. 30).

[153] A ruína de Temístocles ficaria politicamente a dever-se à fama de ser pró-persa.

[154] Embora alguns autores (como K. J. Beloch, *Griechische Geschichte II*, Stassburg 1916, 122 e N. G. L. Hammond, "The battle of Salamis", *JHS* 76, 1956, 43) tenham querido identificar Psitália com a actual ilha de São Jorge, não deverá ignorar-se a

Salamina, fizeram avançar, em direcção à ilha, a ala ocidental, bem como as forças dispostas à volta de Ceos e de Cinosura. Apetrecharam de navios ainda todo o estreito até Muníquia[155]. Realizaram estas manobras navais para retirarem aos Gregos qualquer hipótese de fuga. Encurralados em Salamina, oferecer-lhes-iam a desforra pela batalha do Artemísio. Os Persas desembarcaram na ilha chamada Psitália por duas razões: quando se desse o combate, para lá seriam lançados sobretudo homens e destroços dos naufrágios (de facto a ilha ia ficar numa linha de trajectória da batalha); com a desculpa de salvarem os seus, matavam os inimigos. Tomaram tais providências em segredo, por modo a que os adversários não dessem conta das suas manobras. Realizaram os preparativos de noite, sem pregar olho[156].

Quanto às predicções dos oráculos, não posso afirmar que não sejam verdadeiras[157]. Não é, pois, meu desejo, ao considerar as declarações que se seguem, negar que procuram exprimir-se com clareza[158].

2

3

77.1

---

informação dada por Heródoto. Assim, a referida ilha situa-se à entrada do estreito de Salamina, pelo que só pode ser identificada com Lipsokutali. Sobre a ocupação de Psitália, cfr. How-Wells, App. XXI, § 9. Para uma ideia das dificuldades levantadas sobre a topografia da batalha de Salamina, vide W. K. Pritchett, "Toward a restudy of the battle of Salamis", *AJA* 63 (1959) 251-62.

[155] As referências topográficas relativas aos movimentos tácticos dos Persas levantam algumas dificuldades de interpretação. Pela distância a que ficavam do palco das acções, ao falar de Ceos e de Cinosura, Heródoto não estará a pensar na ilha próximo de Maratona nem no promontório situado junto da mesma cidade. Mais provavelmente, e tendo em conta que se trata de um cerco à ilha de Salamina, Cinosura corresponderia à península que se estende de Salamina na direcção do Pireu. Muníquia era o nome dado à colina situada entre o Pireu e a baía de Falero. Com estas manobras, os Persas pretendiam ocupar com a ala oriental da sua frota todo o estreito de Salamina até Muníquia, ao passo que a ocidental impedia a eventual fuga dos Gregos pela baía de Elêusis.

[156] Sobre os preparativos de Xerxes, veja-se J. S. Morrison and R. T. Williams, *Greek oared ships 900-322 B. C.* (Cambridge 1968) 140-3 e 150-5.

[157] Conforme propõe Hammond, o mais provável é que os oráculos apresentados por Heródoto fossem genuínos, pois, caso contrário, os seus contemporâneos tê-los-iam rejeitado (*CAH* 2IV, 540 sq.). O facto de algumas cidades, como Esparta (6. 57. 4) e Atenas – sob Pisístrato, vide *supra*, nota 37–, fazerem deles um registo oficial e por serem guardados em arquivo levam-nos a aceitar a possibilidade de Herótoto poder estar a citar.

[158] Na época de Heródoto notam-se alguns abalos na fé dos Gregos em matéria de oráculos. Este é talvez o testemunho mais conhecido da crença do historiador nos oráculos, que sai enfatizada pela sua preocupação em confirmá-los (cfr. 8. 20. 1; 8. 96; 9. 43). Mas, como sugere Shimron (*Politics and belief in Herodotus*, 40-57), isto não significa que Heródoto considerasse todos os oráculos genuínos ou, mais importante do que isso, que eles estabeleciam a existência de um plano divino.

"Mas quando sobre a praia sagrada de Ártemis do gládio de ouro[159]
e sobre a costeira Cinosura lançarem uma ponte de barcos,
depois de, com enlouquecida esperança, terem arrasado a esplêndida Atenas,
a divina Justiça apaziguará o possante Coros[160], filho da *Hybris*,
ávido de terror, desejoso de tragar tudo de uma só vez.

2   O bronze ao bronze há-de unir-se, de sangue Ares
o mar há-de tingir. Então o dia da libertação da Grécia
vão revelá-lo o Crónida que vê ao longe e a Vitória veneranda"[161].

Ao que Bácis anunciou com tal clareza não ouso apontar contradições nem as admito da parte de outros.

78   Prosseguia acesa a discussão entre os generais que estavam em Salamina[162]. Ainda não sabiam que os Bárbaros os tinham cercado com a sua frota. Julgavam, pelo contrário, que, à semelhança do que tinham observado durante o dia, continuavam estacionados em terra.

79.1   Durante a reunião dos estrategos, chegou de Egina Aristides, filho de Lisímaco, cidadão ateniense, que, embora tivesse sido condenado ao ostracismo pelo seu povo, eu, pela minha parte, tendo-me informado sobre o seu carácter, considero um dos mais nobres e dos mais justos

2   homens que houve em Atenas[163]. Aristides, colocando-se diante da porta do Conselho, chamou cá fora Temístocles, que não era seu amigo, mas

---

[159] O autor deve estar a referir-se ou à praia de Salamina, onde havia um templo dedicado à deusa (Pausânias, 1. 36. 1), ou ao areal que fica de frente para essa margem, na costa da Ática, a praia de Muníquia, onde também existiu um templo com a mesma veneração (Pausânias, 1. 1. 4).

[160] *Coros* é a personificação de 'saciedade, insolência'; ou é tido, tal como aqui, por filho de *Hybris*, 'insolência' – Píndaro, *Olímpica* 13. 10 – ou como pai desta – Sólon, frag. 6 West; Teógnis, 153.

[161] Porque Heródoto não identifica a batalha a que alude o oráculo e, embora pareça mais claro, no contexto do confronto de Salamina, referir-se a esta, os estudiosos não excluem outras hipóteses, todas elas apoiadas na presença de um templo a Ártemis. Poder-se-ia, por conseguinte, tratar da batalha do Artemísio ou da que opôs Eubeia à Ática.

[162] Heródoto retoma o cenário do exército grego, no ponto em que o deixara no cap. 74, quando Temístocles enviara Sicino ao acampamento dos Persas. A reunião prolongara-se pela noite dentro.

[163] Na sequência da sua oposição ao desejo de Temístocles utilizar os fundos das minas de prata de Láurion, como veio a fazer, Aristides foi sujeito a um processo de ostracismo em 483/482. Esta deslocação a Salamina não deve, contudo, ser tomada como coincidente com o seu regresso do exílio. De facto a indicação de que ele vem de Egina implica o seu deslocamento aí em missão oficial. Na verdade Aristides não cumpriu a condenação de 10 anos de afastamento da pátria e privação de exercer qualquer cargo político; antes terá sido perdoado pelo decreto de uma amnistia, no arcontado de Hipsíquides,

sim inimigo. Contudo, devido à gravidade da situação, esqueceu esse diferendo e pediu-lhe que saísse, pois queria reunir-se com ele. Ouvira dizer que os Gregos do Peloponeso se apressavam a levar as naus para o Istmo. Quando Temístocles veio ao seu encontro, pronunciou as seguintes palavras: "É preciso que nós – já o fizemos em ocasião diferente e com maioria de razão o devemos fazer agora – disputemos entre nós qual dos dois trará mais benefício à pátria. Informo-te que para os Peloponésios tanto faz discutir muito como pouco a partida dos navios. É, pois, na qualidade de testemunha ocular que te digo que, presentemente, mesmo que os Coríntios e o próprio Euribíades o queiram, não lhes será possível zarpar daqui para fora. A verdade é que estamos cercados de inimigos por todos os lados. Entra no Conselho e conta-lhes isto mesmo".

Eis a resposta de Temístocles: "Aconselhas-me bem e as notícias que me trouxeste são óptimas. O que eu precisava que acontecesse tu anuncias-mo como sua testemunha. Fica pois a saber que foi por instigação minha que os Medos agiram desse modo. Uma vez que os Gregos não queriam travar combate de livre vontade, era preciso forçá--los a isso. Mas tu, já que trouxeste boas novas, vai tu mesmo anunciar--lhas. É que, se for eu a falar, hão-de pensar que estou a inventar e não os convencerei de que os Bárbaros tomaram realmente tais medidas. Portanto vai em pessoa dar-lhes a saber o que se passa. Perante a tua exposição, se eles ficarem persuadidos, essa será a melhor solução. Mas, se os teus argumentos não forem convincentes, para nós vai dar no mesmo. De facto, se, como contas, estamos cercados por todos os lados, eles já não poderão fugir".

Aristides foi então à presença do Conselho e contou que vinha de Egina, que só a muito custo, às escondidas, passara pelos barcos que estavam de vigia, isto porque o exército grego estava completamente cercado pelos barcos de Xerxes, e aconselhou os seus membros a prepararem-se para a defesa. Feito este comunicado, retirou-se. Contudo

---

provavelmente em 481-80 (cfr. Xenofonte, *Constituição Ateniense* 22. 8), de tal modo que pôde ser eleito como um dos dez generais atenienses para o ano de 480-79. O elogio do general ateniense, repetido mais adiante (cap. 95), parece decorrer da necessidade do autor em afirmar-se contra alguma impopularidade da sua figura entre os aliados. Não podemos esquecer que seria da sua autoria a instituição, no ano de 454, de um tributo obrigatório para todas as cidades da Simaquia de Delos. O pagamento, em barcos ou numerário, que inicialmente começara por ser um contributo, o desvanecer da ameaça persa torna-se um pesado tributo. Ecos de alguma animosidade contra Aristides por parte dos seus contemporâneos conservaram-se até Plutarco (sécs. I-II A. D.). Na *Vida de Aristides*, cap. 3, conta o polígrafo romano que o povo, em pleno teatro, lhe atribuíra o v. 592 dos *Sete contra Tebas* de Ésquilo: *De facto ele não quer parecer, mas ser, um dos melhores.*

a discussão reacendeu-se, pois a maioria dos estrategos não acreditava nas notícias trazidas.

82.1 Enquanto se encontravam neste estado de dúvida, chegou uma trirreme com trânsfugas de Tenos, que tinha por capitão Panécio, filho de Sosímenes[164]. E esta é que revelou toda a verdade. Foi mesmo por causa deste episódio que os Ténios viram o seu nome inscrito na trípode de Delfos, onde figurava o inventário dos que venceram os Bárbaros.

2 Com mais esta nau, que fugira para Salamina, e a dos Lémnios, que fizera o mesmo por ocasião da batalha do Artemísio, o contingente de embarcações da frota grega perfez o total de 380, pois até aí faltavam duas para completar esse número[165].

83.1 Como para os Gregos o relato dos Ténios já era fiável, prepararam-se para a batalha naval. Ao romper da aurora os estrategos reuniram os soldados da frota e, de entre todos, Temístocles pronunciou um discurso magnífico; toda a sua arenga consistia numa comparação entre as coisas melhores e as piores, tal como elas se manifestavam na natureza e na

2 condição humanas. Concluindo a sua intervenção com o conselho de escolherem a melhor das duas vias, deu ordem de embarque. Estavam eles a subir para os navios, quando chegou de Egina a trirreme que partira em busca dos Eácidas.

Mal os Gregos levaram o conjunto da sua frota para o alto mar, os Bárbaros alcançaram de imediato os que já se tinham feito ao largo.

84.1 Os restantes estavam prontos a fazer inversão de marcha, abalroando as naus dos companheiros, quando Amínias de Palene, cidadão ateniense, avança e vai precipitar-se contra um navio inimigo. Como ficou preso à nau e não conseguia separar-se, gritou por auxílio; os restantes

2 combatentes foram ao seu encontro e envolveram-se na refrega. Os Atenienses contam ter sido desse modo iniciado o combate[166]. Mas os habitantes de Egina afirmam que foi a nau que partiu para Egina em demanda dos Eácidas aquela que marcara o começo da refrega. Diz-se também o seguinte: que lhes apareceu a visão de uma mulher e que a aparição, exortando-os em voz alta, por forma a ser ouvida por todo o exército grego, principiou por censurá-los nestes termos: "Insensatos, até onde recuareis vós?".

---

[164] Tenos é uma ilha do mar Egeu, situada a sul de Andros e a norte de Delos. Já anteriormente (cap. 66. 2) se referira os seus habitantes, por se terem passado para os Persas, depois da batalha das Termópilas e da do Artemísio.

[165] Cfr. cap. 48, onde se apresenta um contingente inventariado em 378 embarcações.

[166] Amínias, natural do demo ático de Palene (daí o demótico Paleneu), é por Heródoto indicado como o responsável pelo início da batalha. Ésquilo, na sua tragédia *Persas*, mantém no anonimato o nome do protagonista do acto.

De frente para os Atenienses estavam os Fenícios (ocupando a ala do lado de Elêusis e do poente) e de frente para os Lacedemónios os Iónios (situados a nascente e do lado do Pireu)[167]. Destes homens, de acordo com as recomendações de Temístocles, foram poucos, e não a maioria, os que tiveram uma conduta cobarde. Poderia agora enumerar os nomes de muitos dos trierarcas que se apoderaram de barcos gregos. No entanto não vou fazê-lo, à excepção de Teomestor, filho de Androdamante, e Fílaco, filho de Histieu, ambos Sâmios. Recordo apenas estes dois pelos seguintes motivos: Teomestor, porque, graças ao seu desempenho na batalha, foi nomeado pelos Persas tirano de Samos; Fílaco, por ter sido inscrito entre os evergetas do rei e ter sido presenteado com um grande domínio. Os evergetas reais em língua persa chamam-se *orosanges*[168]. Sobre estes comandantes é o que se sabe.

85.1

2

A maioria dos barcos intervenientes no combate de Salamina foi destruída, uma parte pelos Atenienses, outra pelos Eginetas. De facto, enquanto os Gregos lutavam ordenadamente, formando linhas de combate, os Bárbaros apresentavam-se completamente desorganizados e não pensavam no que estavam a fazer, de tal modo que não podia acontecer-lhes senão o que de facto aconteceu. Realmente os Gregos que ali estavam eram e foram durante aquele dia muito mais bravos combatentes do que tinham sido em Eubeia. Era a coragem e o receio de Xerxes a sua inspiração, pois parecia-lhes que o Rei estava a observar cada um deles em particular[169].

86

No que diz respeito aos restantes guerreiros, bárbaros ou gregos, não posso afirmar com exactidão como cada um deles combatia, mas com Artemísia registou-se um episódio que a tornou ainda mais estimada aos olhos do Rei. Quando a situação se estava a complicar para o lado de Xerxes, nesse preciso momento, sendo o navio de Artemísia perseguido

87.1

2

---

[167] A disposição dos contingentes nos combates em terra era transferida para os confrontos marítimos. Assim, tal como na batalha terrestre de Plateias, os Atenienses ocupam a ala esquerda do exército (9. 26-28), a segunda posição em honra, e os Lacedemónios a direita, lado considerado de maior prestígio e destinado ao povo que liderava a campanha.

[168] Há dois testemunhos que nos permitem identificar o significado do termo persa. Num fragmento atribuído a Sófocles (fr. 183 Radt) equivale a 'guardas pessoais do rei', pois deriva do persa antigo *var* ('proteger') e *khshâyata* ('rei'). Para Nínfis de Heracleia, historiador do séc. III, a tradução é outra: 'hóspedes reais' (*FGrHist* 432 F6).

[169] Diferentemente de Ésquilo, Heródoto não oferece uma descrição dos movimentos das massas; apresentar, pelo contrário, o desfecho da batalha de Salamina como o resultado de uma série de desempenhos individuais dos chefes dos barcos, que, por sua vez, não parecem seguir um plano pré-estabelecido de acção.

por um ateniense[170] e não podendo escapar (é que diante dela estavam outros barcos aliados e, além disso, o seu era o mais próximo do inimigo), a rainha decidiu-se por outra solução, que só lhe trouxe vantagens. Com o navio ático no seu encalce, foi chocar contra a nau aliada dos habitantes

3 de Calinda, onde seguia o seu rei em pessoa, Damasitimo[171]. Se houve algum desentendimento com ele, quando ainda se encontravam na região do Helesponto, não posso afirmá-lo. Nem sei se o acto foi premeditado ou se foi por acaso que embateu no navio dos Calíndios. Contudo

4 Artemísia, tirando partido do choque e subsequente naufrágio, converteu esse acidente numa dupla oportunidade para si. Ao vê-la ir contra uma nau bárbara, o trierarca do navio ateniense julgou que o barco de Artemísia ou grego ou desertor do partido dos Bárbaros e que, portanto, os defendia a eles. Daí ter-lhe voltado as costas e rumado contra outras embarcações.

88.1 A rainha só ganhou com a sua manobra: escapou à perseguição do inimigo e não perdeu a vida, ao que se veio somar ainda o facto de, apesar de ter agido incorrectamente, se ter tornado ainda mais digna de

2 mérito para Xerxes. Pois bem, conta-se que o Rei, observando o combate, apercebeu-se do choque do navio e que um dos presentes lhe declarou: "Senhor, estás a ver Artemísia, olha como ela combate bem, até afundou um barco inimigo". O Rei perguntou se se tratava realmente de um feito de Artemísia, ao que os que conheciam bem o emblema do seu barco lhe responderam que sim. Xerxes ficou convencido de que a nau destruída

3 era dos inimigos. Segundo se conta, à rainha sobreveio outra feliz casualidade: dos tripulantes do barco calíndico não sobreviveu ninguém que pudesse denunciá-la. Diz-se que o Rei, perante as explicações dadas, exclamou: "Na minha opinião, os homens têm-se tornado mulheres e as mulheres homens". Este é o comentário que afirmam ter tecido Xerxes[172].

---

[170] Trata-se do navio de Amínias de Palene (cfr. *infra*, cap. 93. 1).

[171] Calinda era uma cidade da Cária e Heródoto deve referir-se ao mais ilustre dos Cários integrado na frota de Xerxes (cfr. 7. 98).

[172] Estabelecendo um paralelo entre Artemísia, a mulher com competências masculinas, e Temístocles, R. V. Munson apresenta um estudo de aproximação entre a rainha e os Gregos, muito particularmente dos Atenienses (não esqueçamos que ela era de origem grega, da ilha de Creta). Dentro dessa linha, destaca a estudiosa que, em contraste com os restantes aliados do Rei, ela revela possuir liberdade – apanágio da democracia – pois não colabora ou age por compulsão (ou necessidade, cfr. 7. 99). A simulação, encarada como um aspecto próprio da inteligência, faz com que coloque a sua salvação pessoal acima da dos seus companheiros de armas. Parece pois, neste aspecto, que a influência dos Sofistas, contemporâneos de Heródoto, não é alheia a esta visão relativista dos valores, norteadora da actuação humana. Esta abordagem vem tratada em "Artemisia in Herodotus", *CA* 7. 1 (1988) 91-106.

89.1 No desastre de Salamina morreu o comandante Ariabignes[173], filho de Dario e irmão de Xerxes, bem como muitos outros Persas, Medos e aliados igualmente conhecidos. Foram pouco significativas as baixas entre os Gregos, pois, uma vez que sabiam nadar, os tripulantes das embarcações arrasadas, não tendo morrido no combate travado corpo a corpo, alcançaram Salamina[174]. Por contraste, muitos dos Bárbaros 2 pereceram no mar, por não saberem nadar. Foi quando os navios da frente deram meia volta para bater em retirada que a maioria foi aniquilada. Os que estavam alinhados na retaguarda, esforçando-se por avançar para a frente de combate com o intuito de receberem alguma recompensa do Rei por essa demonstração de bravura, chocavam contra as naus em fuga dos companheiros.

90.1 Todavia, no meio daquele tumulto, verificou-se ainda o seguinte: que alguns dos Fenícios que tinham perdido os seus navios foram à presença do Rei e acusavam os Iónios de ter sido por causa deles – por causa de uns traidores – que tinham ficado sem a sua frota. Todavia os acontecimentos tomaram tal rumo que os generais Iónios não caíram em desgraça e os detractores Fenícios receberam a compensação que passo a relatar.

Estavam eles ainda a discutir as respectivas culpas, um navio de 2 Samotrácia embateu num de Atenas[175]. Começava este último a afundar-se, quando um barco de Egina, chocando contra o de Samotrácia, o fez submergir. Mas os lanceiros samotrácios, apesar de atingidos, atacaram os chefes da nau que os levava ao fundo, subiram a bordo desta e apoderaram-se dela. Eis, portanto, o que salvou os Iónios: Xerxes, ao 3 vê-los cometer aquele feito notável, porque estava tremendamente irritado e todos considerava culpados, ordenou que cortassem a cabeça aos Fenícios, para que homens de vil carácter não caluniassem os mais valorosos[176]. De facto todas as vezes que Xerxes, instalado no monte 4 dianteiro a Salamina, chamado Egáleo, via algum dos seus homens distinguir-se no combate, informava-se sobre ele e os escribas tomavam registo do nome do pai e da cidade do respectivo trierarca[177]. Contribuiu

---

[173] O filho de Dario e meio-irmão de Xerxes tinha a seu cargo o comando dos Iónios e dos Cários (7. 97).

[174] Depois do abalroar dos barcos, dava-se o combate homem a homem, o que, na terminologia da táctica militar, se chama combate *comminus*. A luta à distância, efectuada pelo arremesso de projécteis, designava-se combate *emminus*.

[175] A ilha de Samotrácia fora conquistada pelos Persas em 493 (6. 31).

[176] Sobre a execução dos Fenícios, cfr. Diodoro 11. 19. 4.

[177] O monte Egáleo é uma cadeia montanhosa da Ática, situada de frente para Salamina. A imagem de Xerxes, instalado num lugar privilegiado à observação do desenrolar

também para a ruína dos Fenícios a presença de um amigo dos Iónios, um Persa, Ariaramnas, que assistia à cena.

91 Os Persas voltaram-se, então, contra os Fenícios[178]. Enquanto os Bárbaros batiam em retirada e navegavam para Falero, os de Egina, embuscados no estreito de Salamina, cometeram feitos dignos de menção[179]. Enquanto os Atenienses, no meio da refrega, destruíam os barcos que lhes faziam frente e os fugitivos; os Eginetas, por seu turno, arrasavam os que desertavam. Sempre que alguns, na fuga, escapavam aos Atenienses, acabavam por cair nas mãos daqueles.

92.1 Nessa ocasião aconteceu o encontro de dois navios: o de Temístocles, que seguia na perseguição de outro, e o de Polícrito, filho de Crio[180] e cidadão de Egina, que abalroara uma nau sidónia. Esta última capturara o barco que, em Cíato, vigiava pela segurança de Egina e na qual seguia Pites, filho de Isquénoo, que os Persas, fascinados pela sua bravura, guardavam na nau com o corpo coberto de ferimentos[181]. A nau sidónia que o transportava foi tomada juntamente com os Persas, de modo que
2 Pites assim pôde chegar são e salvo a Egina[182]. Contudo, mal viu a nau de Atenas, Polícrito reconheceu o seu emblema como o do barco do

---

da batalha, mais não é do que a materialização do gosto do monarca por contemplar o seu próprio poderio. No cap. 44 do livro 7, fora-nos apresentado a observar do Abido os seus exércitos e frota. No cap. 100 do mesmo livro, já tinha sido referida a presença dos escribas a seu lado. A épica apresenta modelos inesquecíveis, que certamente o autor não terá obliterado ao apresentar semelhantes quadros do rei persa. Dos vários exemplos homéricos, destacamos o passo do canto XIII da *Ilíada*, quando Poséidon contempla o campo de Tróia a partir da ilha de Samotrácia (vv. 13 sq.). Outros são *Ilíada* 10. 515 e 14. 135; *Odisseia* 8. 285. Com base em testemunhos como o de Demóstenes (*Contra Timócrates* 24. 129) – que fala de um banco com pés de prata, o qual teria ido parar à Acrópole juntamente com o espólio de guerra – e Plutarco (*Temístocles* 13. 1), muitos estudiosos têm deixado passar a imagem de Xerxes sentado num trono a observar a batalha de Salamina. Mas Heródoto não indica o nome do objecto sobre o qual se sentara o monarca. É J. Frost quem, partindo de uma definição de dÌfroj, aventa que se trataria de um escabelo. Este teria sido utilizado para descer do carro em que Xerxes percorrera a costa, acabando por instalar-se num posto fixo, de onde tinha uma melhor visão do confronto (cfr. "A note on Xerxes at Salamis", *Historia* 22. 1, 1973, 119 sq.).

[178] Neste ponto, segue-se uma lacuna no texto.
[179] É por esse motivo que também as suas oferendas ao templo de Apolo em Delfos devem ser superiores às dos restantes Gregos (cfr. *infra*, cap. 122).
[180] Sobre Crio, cfr. 6. 50 e 73.
[181] Cfr. 7. 179 e 181.
[182] A propósito de Pites e do que lhe sucedeu, cfr. 7. 181. O esquadrão persa de dez navios, enviado a Cíato, surpreendeu aí três embarcações gregas: uma de Trezena, imediatamente capturada, de que sacrificaram o mais belo soldado; outra de Egina, onde seguia Pites; e outra de Atenas. Esse egineta, coberto de ferimentos causados pelos adversários, mostrava tal coragem que os Persas o recolheram e estancaram com panos de

86

almirante e pôs-se a gozar alto e bom som com Temístocles, atirando-
-lhe à cara a colaboração dos Eginetas com os Medos[183]. Estas injúrias
lançava-as contra o comandante grego, no momento em que chocava
com um navio. Quanto aos Bárbaros que, por terem fugido, se tinham
salvado, atingiram Falero e colocaram-se sob a protecção do exército
terrestre.

Nesta batalha naval, de entre os Gregos foram os homens de Egina **93.**1
que receberam os maiores elogios, logo seguidos dos Atenienses. Quanto
aos guerreiros, o destaque recaiu sobre Polícrito de Egina e sobre os
Atenienses Êumenes, do demo de Anagirunte, e Amínias, do demo de
Palene[184], o perseguidor de Artemísia. Se nessa ocasião soubesse que no
barco ia a rainha, não teria descansado enquanto a não capturasse ou
acabasse por ser ele próprio capturado. É que fora ordenado aos trierarcas 2
atenienses que a fizessem prisioneira, e até estava estabelecido um prémio
de dez mil dracmas para quem a trouxesse viva, pois tinham por afronta
que uma mulher comandasse um exército contra Atenas[185]. Artemísia,
como se disse anteriormente, fugiu; a restante tripulação das naus que
escaparam encontrava-se em Falero.

Os Atenienses contam que Adimanto, chefe dos Coríntios, logo **94.**1
desde o início do combate, quando as naus se embrenhavam umas nas
outras, completamente apavorado, entrou em pânico e, desfraldando as
velas, pôs-se em fuga. Os Coríntios, vendo o seu líder bater em retirada,
fizeram o mesmo. Como se sabe, esses fugitivos alcançaram o porto de 2
Salamina dianteiro ao templo de Atena Escira[186], depararam com uma

---

linho o sangue que escorria em abundância dos golpes. Tinham-no salvado para
contemplarem quem tanta valentia demonstrara em combate. Formo, o capitão do navio
ateniense, também não conseguiu evitar a captura do seu barco, mas salvou-se, bem como
a tripulação. Sobre este assunto, veja-se Hignett, *Xerxes' invasion of Greece*, pp. 157-62.

[183] A esse fenómeno de colaboração com o invasor medo-persa dá-se em grego o
nome de "medismo." Polícrito refere-se à atitude dos seus compatriotas de Egina, tida
cerca de onze anos antes, em 491, altura em que aceitaram 'dar terra e água' aos Persas.
Como forma de salvaguardar as relações comerciais com o Mediterrâneo oriental, tão
importantes à sua sobrevivência, Egina decidira-se, na época, por um acordo com os Persas.
Sobre a rivalidade entre esta ilha e Atenas, leia-se a nossa Introdução e D. Hegeyi, "Athens
and Aigina on the eve of the battle of Marathon", *AAntHung* 17 (1969) 171 sqq.

[184] Palene e Anagirunte eram demos da Ática. Desde as reformas de Clístenes que a
região de Atenas fora dividida em 30 grupos de demos (as trítias), circunscrições político-
-administrativas correspondentes, *grosso modo*, às nossas freguesias. Veja-se J. R. Ferreira,
"As reformas de Clístenes", *Biblos* 63 (1987) 179-99.

[185] Dez mil dracmas equivalem a pouco mais de 43 kg de prata, sendo o peso de uma
dracma 4, 32 gr.

[186] Segundo Estrabão (393), este cognome da deusa Atena derivaria de uma antiga
designação da própria ilha, provavelmente recebido de um herói a ela ligado.

pequena embarcação, enviada por alguma divindade – não se descobriu quem a enviou – e esta aproximou-se dos Coríntios, que nada sabiam do que se passava com o seu exército. Eis a razão por que pensavam tratar-se de uma intervenção divina. Quando estavam perto dos barcos coríntios, 3 os da barca misteriosa disseram: "Adimanto, tu deste meia volta aos teus barcos e puseste-te em fuga, traindo os Gregos. Mas eles vencem o combate, tal como tinham pedido nas suas preces, tornando-se senhores do inimigo". E, uma vez que Adimanto não acreditava nestas palavras, aqueles ripostaram de imediato que podiam levá-los como reféns e matá- 4 -los, se se desse o caso de os Gregos não serem os vencedores. De modo que Adimanto e os restantes companheiros fizeram inversão de marcha, mas só viriam a alcançar o exército já terminado o combate. Este rumor sobre os Coríntios é da autoria dos Atenienses. Porém aqueles não contam a mesma versão, pois incluem-se entre os que mais sobressaíram na batalha de Salamina; e todo o resto da Grécia confirma esta opinião[187].

95 Aristides, filho de Lisímaco, cidadão ateniense, que um pouco antes recordei como um dos homens mais nobres, face à confusão gerada em torno da ilha, actuava da forma que passo a descrever. Pegando num grande contingente de hoplitas, que tinham sido dispostos ao longo da costa de Salamina – todos Atenienses – partiu com eles para Psitália, onde massacraram os Persas que se encontravam nessa pequena ilha[188].

---

[187] A propósito da tradição favorável aos Coríntios, cita Plutarco quatro epigramas laudatórios (*Da malícia de Heródoto*, 870 e-f). A presente referência pode, pois, ter sido inventada pouco depois de 480. Mas mais provavelmente data do período de inimizade aberta que opôs os dois estados, vinte anos mais tarde, devido à aliança ateniense com Mégara. Assim, Adimanto é atacado como chefe dos Coríntios, verdadeiro alvo do insulto.

[188] A estratégia militar adoptada consistia em ter na retaguarda da frota, disposto junto à linha da costa, o exército dos hoplitas, isto é, a infantaria, pronta a enfrentar o inimigo, caso este conseguisse atravessar a frente dos navios e desembarcar na ilha. A brevidade com que aqui é relatado o desastre de Psitália contrasta com uma maior atenção que lhe dão os outros testemunhos literários legados pela Antiguidade: Ésquilo, *Persas* 447-71, Plutarco, *Aristides* 9. 1-4 e Pausânias 1. 36. 2. Há sobretudo um aspecto sobre o qual os vários autores não apresentam uma versão concordante, ou seja, o momento em que se deu o massacre dos Persas na pequena ilha próxima de Salamina. Se Ésquilo o coloca em simultâneo com a batalha naval, Heródoto já o dá como posterior e Plutarco fá-lo anteceder o próprio confronto em Salamina. O mais provável é ele ter ocorrido depois de a batalha se ter decidido a favor dos Gregos e de os barcos inimigos terem iniciado a sua retirada dos estreitos. Se compararmos a versão de Heródoto com a de Ésquilo em *Persas*, nota-se a maior importância que lhe dá o tragediógrafo. Na ilha encontrava-se a fina-flor da nobreza persa, pelo que o massacre representa o culminar da derrota bárbara. Atribuir a responsabilidade desse desastre à acção dos hoplitas atenienses é, sem dúvida, uma maneira de fazê-los participar na vitória de Salamina, que foi, sobretudo, obra dos tetas. De facto foi dessa classe mais baixa da sociedade – impossibilitada de custear o

Terminado o combate naval, os Gregos, depois de transportados 96.1
para Salamina os destroços dos naufrágios que por acaso ainda se
encontravam nas imediações, estavam de novo aptos para outro combate;
isto porque pensavam que o Rei ainda queria servir-se dos navios que se
tinham salvado. Muitos daqueles destroços, arrastava-os o vento Zéfiro 2
até à costa da Ática chamada Cólias[189]. De maneira que se cumpriram o
oráculo e todos os outros vaticínios anunciados por Bácis e Museu sobre
essa batalha. Também se comprovou a predição relativa aos restos dos
navios arrastados até ao referido lugar, pronunciada muitos anos antes,
no oráculo de Lisístrato, cresmólogo ateniense, e que passou despercebida
a todos os Gregos:

"As mulheres de Cólias acenderão o lume com remos"[190], facto
que viria a dar-se depois da retirada do Rei.

Mas Xerxes, quando se apercebeu do desastre que havia sofrido, 97.1
receando que algum dos Iónios aconselhasse os Helenos[191] a navegar
para o Helesponto para destruir as pontes – ou que a ideia ocorresse aos
próprios Gregos –, deixando-o bloqueado na Europa e em perigo de ser
morto, começou a pensar na fuga. Não querendo, porém, revelar os seus
intentos nem aos Gregos nem aos seus próprios homens, mandou
construir um molhe, ligando *gaulos* fenícios, para servir de pontão e de

---

equipamento de um soldado de infantaria ou hoplita – que vieram os remadores da armada ateniense. C. Fornara nega a participação de Aristides no massacre de Psitália, considerando a actuação dos hoplitas nessa manobra uma mera ficção, para lhes atribuir algum peso na vitória alcançada em Salamina ("The hoplite achievement at Psyttalea", *JHS* 86, 1966, 51-4). Immerwahr, por seu turno, vê na solução de Ésquilo – onde a batalha de Salamina aparece como um confronto simultaneamente naval e terrestre – uma tentativa de harmonizar duas facções distintas do estado ateniense: os agricultores e os marinheiros – classe recentemente impulsionada pelo crescimento mercantil. Na opinião do estudioso, a esta dicotomia subjaz uma concepção simbólica muito nítida no séc. V, que consiste em fazer do mar um signo de liberdade, de riqueza e de imperialismo expansionista; enquanto a terra significa lei, ordem e conservadorismo (*Form and thought*, 255 sq.).

[189] Segundo Pausânias (1. 1. 5), Cólias distava 20 estádios de Falero, aproximadamente 4 km. Nas suas proximidades situava-se o templo de Afrodite Cólias.

[190] O verbo φρύγω pode ser entendido, conforme sugerem H. G. Liddell e R. Scott (*Greek-English Lexicon*), por 'acender o lume' ou, como fazem How-Wells (*com. ad loc.*), por 'torrar cevada', actividade doméstica feminina (cfr. Pólux, 1. 246).

[191] Já no Livro 4. 137, por ocasião da campanha de Dario contra a Cítia, os Iónios estiveram quase a destruir a ponte de barcas sobre o Danúbio e a cortar a retirada do grande Rei. Os receios de Xerxes tinham, portanto, razão se ser. Embora Heródoto não forneça dados concretos sobre a quantidade de navios perdidos pelos Persas, Ctésias (*Persika* fr. 13. 30 = *FGrHist* 688 F 13. 30) avança com o número de 500 e Diodoro (9.19. 3) com um montante superior a 200, sem incluir os capturados pelos Gregos.

2 muro[192], e fez preparativos militares como se tivesse intenção de travar uma batalha naval. E todos os outros, vendo-o empenhado nestes preparativos, ficaram plenamente convencidos de que ele, com todo o ânimo, estava disposto a permanecer para prosseguir a guerra. Mas nenhuma dessas medidas iludiu Mardónio, por ser conhecedor exímio dos pensamentos do rei[193].

98.1 Enquanto executava estas tarefas, Xerxes envia aos Persas um mensageiro que lhes anunciasse o desastre sofrido. Nenhum mortal é mais rápido do que esses mensageiros, tal foi o sistema que os Persas inventaram[194]. Dizem que quantos são os dias de duração de todo o caminho, tantos são os cavalos e homens dispostos a intervalos regulares,

---

[192] Não é muito clara a finalidade da construção nem parece ter sido viável. Antes da Batalha de Salamina – como pretende Ctésias (*Persika* 26) para desalojar os Gregos da ilha e permitir a passagem para lá a pé enxuto –, seria impraticável porque, como nota Carlos Schrader, p.161 nota 490, a frota grega poderia interromper as obras a todo o momento. Depois da batalha, com a derrota dos Persas, além de ser impossível a sua construção, não se vê para que teria servido.

Terá razão Ctésias e teria sido um plano ideado pelos Persas com a finalidade de forçar a frota grega a oferecer combate como sugere N.G.L.Hammond, «The Battle of Salamis», in *Studies in Greek History* (Oxford, 1973), pp. 251-310? Ou trata-se de uma interpretação errada pelos Gregos de uma construção persa como refere? VideW.K.Pritchett, *Studies in Ancient Greek Topography* I (Berkeley, 1965), pp. 90-91. O *gaulos*, como especifica o escólio ao Livro 3. 136. 1), era uma espécie de navio mercante, utilizado pelos Fenícios.

[193] Filho de Góbrias (cf. 6. 43) e de uma irmã de Dario (cf. 7. 5. 1) e marido de uma filha deste mesmo rei (cf. 6. 43. 1), Mardónio já comandara uma expedição naval contra a Grécia que terminou tragicamente na costa da Trácia (cf. 6. 45) e volta agora a plano de evidência, já que em breve substituirá Xerxes na chefia das operações. A voz mais calorosa a favor da guerra no Conselho do rei (cf. 7. 5 e 9), será ele o protagonista persa na parte final das *Histórias* de Heródoto. Talvez por isso é que os Persas, em 99. 2, o consideram o principal culpado do desastre. Embora os historiadores alemães da primeira metade do séc. XX (J. Beloch, Ed. Meyer) pensem que após a batalha os Persas continuavam a ter a vitória ao seu alcance e não havia importante razão que justificasse o regresso de Xerxes à Ásia e embora W.Marg, «Herodot über die Folgen von Salamis», *Hermes* 81 (1953) 196--210 (= W. Marg, ed., *Herodot. Ein Auswahl aus der neueren Forschung*, Munique, 1962, pp. 609-628) insista que, na interpretação de Heródoto dos acontecimentos posteriores a Salamina, o rei agia mais conduzido pelos seus temores do que pela situação real, não parece haver dúvida de que a derrota naval seria uma razão importante, já que traria dificuldades no aprovisionamento por falta de segurança no Egeu para os barcos de mercadorias persas. Vide Carlos Schrader, p.16 nota 497.

[194] Xenofonte dá-nos também um testemunho desta rapidez dos mensageiros persas (*Ciropedia* 8. 6. 17-18) que beneficiavam da excelente rede viária do Império persa, talvez superada apenas pela romana. Heródoto 5. 52-54 descreve a estrada ocidental que ligava Susa a Sardes. Sobre a rede viária dos Persas vide W.M.Calder, «The Royal Road in Herodotus», *Classical Review* 39 (1925) 7 sqq.

à razão de um homem e um cavalo para cada dia de caminho. Nem a neve, nem a chuva, nem o calor, nem a noite impedem de percorrer o mais rapidamente possível o caminho que a cada um corresponde. O primeiro corredor entrega as mensagens recebidas ao segundo e este ao terceiro e daí a mensagem passa de um a outro, como o que ocorre entre os Helenos com a corrida de tochas que se celebra em honra de Hefestos. A este serviço de correios a cavalo dão os Persas o nome de *angareion*[195]. 2

Ora a primeira mensagem chegada a Susa, com a notícia de que Xerxes estava de posse de Atenas, encheu de tanto contentamento os Persas deixados na pátria que cobriram todas as ruas com ramos de mirto, queimaram aromas e as pessoas entregaram-se a festejos e diversões[196]. Mas a segunda mensagem que lhes chegou de seguida, lançou-os em tal consternação que todos rasgaram as vestes e soltaram gritos e lamentos sem fim, atribuindo a culpa a Mardónio. E procediam assim os Persas não tanto devido à perda dos navios, como por preocupação pela sorte de Xerxes. 99.1

2

E este era o ânimo que reinava entre os Persas durante todo o tempo, até que a chegada do próprio Xerxes os tranquilizou. 100.1

Entretanto Mardónio, ao ver que Xerxes mostrava grande desolação pelo resultado da batalha naval, desconfiava de que o próprio rei projectava a fuga de Atenas e pensou para si que sofreria o castigo, por ter aconselhado a realização da expedição contra a Hélade, e que mais lhe valia correr o risco de conquistar a Grécia ou de morrer gloriosamente, arriscando a própria vida por objectivos elevados, embora o seu pensar se inclinasse mais a crer que conquistaria a Hélade[197]. Movido por tais

---

[195] *Angareion* parece ser uma palavra importada de uma língua oriental, talvez do iraniano, segundo Chantraine, *Dict. ét.*, s. v. ἄγγαροj.

A corrida de tochas (*lampadephoria*) era uma espécie de prova de estafetas em que o testemunho era uma tocha que transmitida de corredor em corredor, devia chegar acesa ao final. Além de fazer parte das festividades em honra de Hefestos, deus do fogo e dos artífices – tinha como correspondente em Roma Vulcano –, integrava também as de outros deuses como as de Pã (cf. Heródoto 6. 105. 3) e as de Bendis (cf. Platão, *República* 1, 328a), as Bendidias que se realizavam no Pireu, em Junho.

[196] Trata-se da mensagem enviada por Xerxes no capítulo 54, quando ocupou Atenas e incendiou a Acrópole.

A palavra "festejos" traduz o termo *thaliesi* que é emenda de Valckenaer à lição tradicional dos manuscritos *thysiesi*, a preferida da edição da Fundazione Lorenzo Valla: «as pessoas entregaram-se a *sacrifícios* e diversões».

[197] Com uma psicologia linear totalmente empenhada na conquista da Grécia, ao contrário da de Xerxes que é volúvel e condicionada pelas circunstâncias do momento (vide K.Reinhardt, «Herodots Persergeschichten», in W.Marg (ed.), *Herodot* cit, pp. 357 sqq.), Mardónio é uma pessoa atenta às motivações internas do rei, para as adaptar aos seus objectivos e interesses. Tendo sido, entre os conselheiros, um dos principais partidários

2 considerações, falou-lhe nos seguintes termos: «Senhor, não te aflijas, nem de forma alguma sintas grande desolação pelo que acaba de acontecer; não é de bocados de madeira que depende o nosso sucesso decisivo da empresa, mas de homens e de cavalos. Além disso, dos que julgam já tudo ter realizado, nenhum deles vai descer dos navios para tentar resistir-te; nem o fará sequer qualquer habitante deste continente;
3 os que nos resistiram, sofreram o respectivo castigo[198]. Se te parece oportuno agora, tentemos atacar de imediato o Peloponeso; se pelo contrário pensas que é melhor esperar, deves fazê-lo. Mas não desanimes: aos Helenos não resta outra saída senão dar-te contas das acções presentes e passadas e ser teus escravos. De preferência, faz agora o que te digo. Mas se acaso decidiste retirar-te à frente do exército, também tenho outro
4 conselho a tal respeito. E tu, ó rei, não tornes ridículos os Persas aos olhos dos Helenos. Pois aos Persas nenhuma destas coisas são atribuíveis, e não poderás citar uma situação em que tivéssemos sido homens cobardes. Se os Fenícios, os Egípcios, os Cipriotas e os Cilícios o foram, de modo algum o desastre presente pode ser imputado aos Persas.
5 Portanto, visto que os Persas não são responsáveis perante ti, presta-me atenção: se decidiste não permanecer, regressa então à tua residência, levando contigo o grosso do exército, mas eu devo entregar-te a Hélade escravizada, se puder escolher trezentos mil soldados[199].»

101.1   Ao ouvir estas palavras, Xerxes, julgando-se livre de suspeitas[200], alegrou-se e, tranquilizado, disse a Mardónio que ia reflectir e depois

---

da guerra (cf. Heródoto 7. 5 e 9; 8. 26.3), procura agora uma saída que o livre de consequências; daí que se ofereça para continuar a guerra na Hélade. Por outro lado, conhecedor de que Xerxes está intimamente inclinado a retirar para a Ásia, tenta habilmente, como observa Masaracchia (p. 207), mostrar que «a orientação de Xerxes é devida a uma avaliação racional» e fornecer «os argumentos que pacifiquem a sua consciência».

[198] Alude-se com certeza ao desastre das Termópilas e também talvez à tomada e incêndio da Acrópole.

[199] Como é hábito em Heródoto, no que respeita aos efectivos persas, este número de soldados é exagerado: talvez uns oitenta mil, sem contar os aliados gregos. Vide C. Hignett, *Xerxes' Invasion of Greece* (Oxford, 1963), p. 267-268.

Na escolha dos efectivos, Mardónio inclui os dez mil Imortais (8. 113. 2-3), mas estes não são mais nomeados nem o seu comandante, Hidarnes. Como sugere Hignet (p. 267), é possível que Heródoto não tenha obtido uma informação correcta e que tenham regressado à Pérsia a escoltar Xerxes e permanecido em Sardes como sua guarda pessoal.

[200] Ao traduzir «julgando-se livre de suspeitas», afasto-me da interpretação usual de *ek kakôn* e a sugerida por W.W. How e J.Wells (II, p. 269) e preferi a de W.Marg, «Herodot über die Folgen von Salamis», in *Herodot* cit, pp. 617-618.

A afirmação seguinte de que iria reflectir e aconselhar-se é mero salvar de aparência e da sua dignidade, visto que, como muito bem já percebera Mardónio, estava tomada a sua decisão de partida para a Ásia.

lhe faria saber que decisão tomara. Mas, enquanto deliberava com os conselheiros dos Persas, pareceu-lhe que também devia convocar Artemísia a conselho, porque mostrou, numa situação anterior, ter sido a única a perceber o que era necessário fazer[201]. Quando Artemísia chegou, Xerxes mandou sair todos os outros, tanto os conselheiros persas como a guarda pessoal[202], e disse-lhe o seguinte: «Sugere-me Mardónio que fique aqui e que ataque o Peloponeso, alegando que os Persas e o exército de terra não são culpados, em relação a mim, de qualquer desastre e que para eles seria um gosto poder demonstrá-lo. É pois isso que ele me aconselha a fazer. Ou então está pessoalmente disposto, com trezentos mil soldados escolhidos por ele, a entregar-me a Grécia escravizada; quanto a mim sugere-me que regresse aos meus domínios com o resto do exército. Ora tu – já que, acerca da batalha naval que acaba de se realizar, me deste o bom conselho de não a travar – indica-me agora que plano devo seguir para ter a sorte de tomar uma decisão acertada.»

Foi este o conselho que lhe pediu, e ela respondeu-lhe o seguinte: **102.**1 «É difícil, ó rei, dar a melhor resposta a quem pede um conselho. Todavia, na presente situação, parece-me conveniente que tu, em pessoa, te retires e que, se assim o quer e promete fazer o que disse, deixes aqui Mardónio, com os soldados que deseja. Pois se ele consegue submeter os que, segundo diz, pretende subjugar e se consegue o que tem em mente, é sempre obra tua, senhor, já que escravos teus o realizaram. Mas se as coisas correrem ao contrário das intenções de Mardónio, nenhuma grande desgraça te acontecerá, pois estarás a salvo, bem como todos os assuntos relativos à tua casa. Na verdade, se tu e a tua casa estiverem a salvo, muitas outras vezes terão os Helenos de travar combates pela sua salvação. E, quanto a Mardónio, se sofrer algo, não tem importância; se os Gregos o vencerem, não será uma vitória de monta, por terem dado a morte a um escravo teu. Mas tu retirar-te-ás depois de ter incendiado Atenas, a razão pela qual empreendeste a viagem[203].»

---

[201] Na capítulo 68 Artemísia aconselha Xerxes a não travar a batalha naval com os Gregos, porque se arriscava a uma derrota que poria também em causa a vitória que facilmente conseguiria por terra.

[202] Parece pouco provável que Xerxes tenha feito a afronta aos nobres persas de os mandar sair para receber Artemísia. É mais provável que, só depois da partida deles, tenha chegado a rainha. Talvez estejamos perante a exaltação de Artemísia por uma fonte de Halicarnasso, utilizada por Heródoto, pelo realce da sua entrevista com Xerxes.

[203] Esse propósito de incendiar Atenas é expressamente manifestado no Livro 7. 8 b. 2.

A prudência e sensatez de Artemísia constrastam com a cega determinação de Mardónio. Daí, como observa Masaracchia (p. 208), a manifesta animosidade entre os dois que se exprime por um frio desprezo.

103.1   Alegrou-se Xerxes com o conselho, já que Artemísia dissera precisamente aquilo que ele próprio pensava. No entanto, mesmo que todos os homens e todas as mulheres o aconselhassem a ficar, em minha opinião ele não o faria, tanto era o seu pavor. Então, cumulada Artemísia de elogios, enviou-a para Éfeso, levando com ela os seus filhos, já que o haviam acompanhado alguns dos seus bastardos[204].

104   Com os filhos, para velar por eles, enviou Hermótimo, natural de Pédasa, que não se encontrava entre os eunucos de segundo plano junto do rei[205]. [Ora os Pédasos habitam a norte de Halicarnasso, e acontece que entre esses povos se passa o seguinte fenómeno: sempre que todas as povoações vizinhas da referida cidade estão para sofrer algo de penoso, dentro de pouco tempo, então de imediato nasce à sacerdotisa de Atena uma grande barba – coisa que já lhe aconteceu duas vezes.

105.1   Hermótimo era, portanto, um desses Pédasos.] Ele, de todas as pessoas que nós saibamos, foi o que maior vingança exerceu relativamente a uma injustiça recebida[206]. Capturado pelos inimigos e vendido, compra-o Paniónio, natural de Quios, uma pessoa que procurava ganhar a vida com o mais abominável dos ofícios: adquiria jovens de grande beleza, castrava-os e levava-os a Sardes e a Éfeso, para os vender

---

[204] Os que não são filhos de Améstris, a única mulher de Xerxes que Heródoto considera legítima (cf. 7. 61.2 e 114. 2). Desta mulher teve o rei três filhos varões: Dario, Artaxerxes e Hitaspes.

Bem conhecida colónia grega na costa ocidental da Ásia Menor, sede de um famoso santuário em honra de Ártemis, Éfeso era o términus de uma importante estrada persa que partia de Susa e passava por Sardes, numa extensão de cerca de 2400km. Artemísia faz a viagem para Éfeso de barco, mas Xerxes vai por terra (cf. 8. 113). Talvez a impopularidade que teria causado o abandono do exército à sua sorte, durante a retirada, o tenha levado a acompanhá-lo, por razões políticas, e a dividir os riscos com as suas tropas.

[205] Pédasa era uma localidade da Cária, situada nas margens do Golfo Íaso, cinco quilómetros a norte de Halicarnasso.

Hermótimo, cuja papel junto de Xerxes e prevalência sobre os outros eunucos Heródoto realça por meio de uma lítotes, seguiria na dependência de Artemísia com uma função aproximada à de mordomo.

O texto que vem a seguir, colocado entre parênteses rectos (parte final do cap. 104 e começo do 105), repete o que vem em 1. 175, em que se conta o mesmo fenómeno e onde o passo se enquadra melhor. Aqui, deve tratar-se por isso, possivelmente, de uma glosa a partir do passo anterior. Sobre o assunto vide A. Masaracchia, p. 208; C. Schrader, p. 170 nota 522.

[206] A vingança é um motivo central na história de Hermótimo, embora não deva ter sido ela a motivar a introdução da história, mas é também tema importante nas *Histórias* de Heródoto. Vide J. de Romilly, «La vengeance comme explication historique dans l'oeuvre d' Hérodote», *Révue Études Grecques* 84 (1971) 314-337.

a alto preço[207]. É que, entre os Bárbaros, os eunucos, devido à confiança que despertam, são mais estimados do que os escravos dotados dos atributos viris. Entre os muitos outros jovens que Paniónio havia castrado, uma vez que vivia de tal ofício, encontrava-se o citado Hermótimo. Este último, no entanto, não foi desventurado em tudo: chega de Sardes à corte do rei como parte de um conjunto de dons[208] e, com o decorrer do tempo, torna-se o mais respeitado de todos os eunucos junto de Xerxes.

Na altura em que o rei, em Sardes, preparava o exército contra Atenas, então, para resolver determinado assunto, Hermótimo desceu à terra da Mísia, à região que os Quiotas habitam e se chama Atarneu, e aí encontrou Paniónio[209]. Ao reconhecê-lo, dirigiu-lhe muitas e amáveis palavras, começando por lhe anunciar a quantidade de bens que, graças a ele, possuía e prometendo, em seguida, que lhe daria, em troca, numerosas recompensas, se levasse os seus familiares e se estabelecesse ali; de tal modo que Paniónio acolheu com gosto as suas propostas e para lá levou os filhos e a mulher. Logo que o teve sob a sua alçada, com toda a família, disse-lhe Hermótimo o seguinte: «Ó tu que, de todos os homens que já existiram, ganhas a vida com o mais abominável dos ofícios, que mal te fiz eu, eu próprio ou algum dos meus[210], a ti ou a

---

[207] Quios, uma ilha do Egeu oriental com cerca de novecentos quilómetros quadrados, parece ter sido na Antiguidade, desde o séc. VI, um importante centro e mercado de comércio de escravos. Cf. Tucídides 8. 40.2.

Sardes e Éfeso eram duas cidades importantes da Ásia Menor, situadas na estrada real ocidental, pelo que se tornaram dois movimentados mercados de escravos. Além disso, os seus templos – o de Cibele, em Sardes, e o de Ártemis, em Éfeso – utilizavam eunucos como sacerdotes (cf. Estrabão 14. 1. 23). A utilização de eunucos era possivelmente um costume babilónico (cf. Helânico, *FGrHist* 4 F 178c). Xenofonte atribui a instituição da guarda pessoal de eunucos a Ciro (*Ciropedia* 7. 5. 58-65). Tinham uma posição importante no Império Persa e a cada passo eram escolhidos para missões delicadas. Por exemplo, Hárpago e Âmasis escolhem os seus eunucos fieis para missões espinhosas e difíceis (cf. Heródoto 1. 117 e 3. 4, respectivamente). Por sua vez Ctésias (*Persika* 5 e 9) refere que alguns eunucos exerceram significativa influência em Ciro e Cambises.

[208] Dádivas idênticas ao rei são descritas por Heródoto em 3. 97.

[209] A missão de Hermótimo deve ter ocorrido no Inverno de 481/480 (cf. Heródoto 7. 37. 1).

Atarneu (ou Atárnea) era uma região cerealífera (cf. Heródoto 6. 28. 2; Xenofonte, *Helénicas* 3. 2. 11; Estrabão 13. 4. 1), situada nas margens do Egeu, defronte de Lesbos. Importante ajuda na alimentação da população de Quios, esta ocupou-a durante a sublevação do lídio Páctias (cf. Heródoto 1. 160. 4) e ainda a mantinha em 398 (cf. Xenofonte, *Helénicas* 3. 2. 11).

Situada a noroeste da Ásia Menor, a Mísia estendia-se entre a Lídia, a sul, e a Tróade, a norte (cf. Heródoto 7. 42. 1).

[210] Alguns manuscritos a «algum dos meus» (*emôn tis*) acrescentam «antepassados» (*progónon*), versão preferida por certos editores, por considerarem que desse modo

alguém dos teus, para que, do homem que eu era, me tenhas reduzido a nada? Pensavas que os deuses ignorariam os actos que assim executavas. Mas eles, pela sua justa lei, entregaram-te nas minhas mãos, a ti ímpio malfeitor; desse modo não lamentarás o castigo que de mim vais receber.»

4   Depois de lhe ter dirigido estas censuras, Paniónio foi constrangido a castrar os próprios filhos, trazidos à sua presença, que eram quatro, acto que ele realizou sob coacção. E, uma vez executada a ordem, foram os filhos obrigados a castrar o pai. E assim atingiu Paniónio a vingança pela mão de Hermótimo.

107.1   Entretanto Xerxes, depois de ter confiado os filhos a Artemísia para que os conduzisse a Éfeso, chamou Mardónio e exortou-o a escolher no exército quem desejasse e a procurar que as suas acções correspondessem às palavras[211]. Durante esse dia foi tudo o que aconteceu, mas, de noite, por ordem do rei, os comandantes fizeram-se ao mar, partindo de Falero de regresso ao Helesponto, o mais rápido que cada um pudesse, para
2   defender as pontes flutuantes e permitir a passagem do rei. Mas quando os Bárbaros, no decurso da sua navegação, se encontravam cerca do Cabo Zoster[212], dado que nessa zona da costa se desenvolvem pequenos rochedos, eles julgaram que eram navios e puseram-se em fuga durante muito tempo. Percebendo com o tempo que não eram barcos, mas rochedos, reagruparam-se e prosseguiram a viagem.

108.1   Quando o dia surgiu, os Helenos, ao verem que o exército de terra permanecia nas suas posições, julgaram que também os navios se encontravam nas imediações de Falero e, na suposição de que dariam

---

Hermótimo aludiria com amargura ao facto de não poder ter descendência. Vide, por exemplo, Legrand, *Hérodote, Histoires* VIII, p. 106.

[211] Observa com razão Masaracchia, p. 209, que há nestas palavras subtil ironia, já que Xerxes, pressentindo que Mardónio adivinhara o seu desejo, responde-lhe aludindo ironicamente às dificuldades do projecto que se propusera.

De seguida Heródoto afirma que «durante esse dia foi tudo o que aconteceu». Aparentemente trata-se do próprio dia da Batalha de Salamina, já que nenhuma outra noite é mencionada, mas as precauções tomadas por Xerxes para manter secreta a sua intenção de fugir – com preparativos militares como se pensasse realizar proximamente uma ofensiva (cf. 8. 97) –, as reuniões que teve com Mardónio, com os conselheiros e com Artemísia não são compatíveis com tão curto espaço de tempo – menos de um dia. Ou Heródoto concentrou factos num tempo mais curto do que o real (vide Masaracchia, p. 209), ou então deve ter-se passado um espaço de tempo mais dilatado do que o inferido do relato do historiador, cuja duração ele não precisa exactamente.

[212] Promontório da Ática, a cerca de 20km a sudeste de Falero (cf. Estrabão 9. 1. 21, 398), cujo nome, segundo Pausânias 1. 31. 1, deriva do facto de Latona aí ter tirado o cinto (grego *zostêr*) que lhe cingia a roupa, quando sentiu as dores de parto, por ocasião do nascimento de Apolo e Ártemis. E precisamente no promontório se erguia um templo dedicado a Latona, Apolo e Ártemis.

batalha, prepararam-se para os repelirem[213]. Mas, quando souberam que a frota havia partido, de imediato decidiram persegui-la. Então, como, na sua perseguição às forças navais de Xerxes, não as lobrigaram até Andros, reuniram-se em conselho, ao chegarem à referida ilha[214]. Ora Temístocles manifestou-se partidário da ideia de que deviam seguir os navios inimigos, através das ilhas, e rumarem directos ao Helesponto, para destruirem as pontes. Já Euribíades emitiu, nesse domínio, parecer contrário, alegando que, se rompessem as pontes flutuantes, com tal medida causariam à Hélade o maior de todos os males[215]. Na verdade, se o Persa, bloqueado, fosse obrigado a permanecer na Europa, procuraria não ficar inactivo, porque a inactividade não lhe traria vantagem, qualquer que ela seja, nem lhe apresentaria qualquer possibilidade de regresso, e o exército seria destruído pela fome. Mas se ele próprio tomar a iniciativa e o fizer com empenho, pode ser que toda a Europa aderisse à sua causa,

2

3

---

[213] A afirmação de que o exército persa permanecia na Ática contradiz a informação do cap. 71. 1 de que partira para atacar o Peloponeso. Talvez a Batalha de Salamina tenha interrompido a movimentação iniciada

[214] Considera R.W.Macan (*Herodotus. Seventh, eighth* I, p. 524 nota a 8. 108. 1) que seria muito pouco provável, senão impossível, que a frota grega partisse para Andros deixando Salamina sem protecção, enquanto Xerxes continuasse na Ática. Todavia a retirada dos barcos persas tornava quase inexistente o perigo de um ataque a Salamina, pelo que poderia ser defendida com escassas forças navais.

Andros é uma das Cíclades (cf. 8. 66. 2), situada na extremidade noroeste do arquipélago. Segundo Immerwahr (*Form and Thought in Herodotus*, Claveland, 1966, p. 140), a descrição do ataque à ilha parece estabelecer paralelismo com a expedição de Milcíades contra Paros, em 489 a. C., (Heródoto 6. 132 sqq.). Sobre esta expedição vide J. Ribeiro Ferreira e Delfim Leão, *Heródoto, Histórias* VI, p. 23. É possível que o plano de Temístocles, além da perseguição à frota persa para a fazer regressar às suas bases na Ásia Menor, tivesse também a intenção de motivar as ilhas do Egeu filopersas a aderir à aliança grega – objectivo que também parece ter perseguido Milcíades com a sua expedição contra Paros. Vide D.W.Knight, «Athenian Politics 510 to 478 B.C.», in *Some Studies in Athenian Politics in the Fifth Century B.C.* (Wiesbaden, 1970), pp. 13 sqq.; C. Schrader, p. 176 nota 541.

[215] Para Plutarco (*Temístocles* 16. 1-4 e *Aristides* 9. 3-4), o opositor de Temístocles teria sido Aristides, transferindo a discussão para um plano de contrastes dos caracteres dos dois estadistas atenienses. Pelo contrário, Heródoto contrapõe a proposta espartana de um envolvimento puramente defensivo – afinal bem de acordo com a sua tradicional política de não realizar expedições muitos afastadas do seu território, em contraste com a audácia e capacidade empreendedora dos Atenienses (cf. Heródoto 5. 50. 3; Tucídides 1. 70) – ao plano ateniense de uma vigorosa ofensiva, acentuando mais uma vez a importância desse contraste, em que fundamenta os constantes e funestos conflitos entre as duas grandes cidades gregas. São discrepâncias estratégicas que, acentuando-se após Mícale, levará primeiro à ruptura da aliança constituída em 480 a. C. para enfrentar os Persas (cf. Hdt. 9. 106. 3 sqq.) e mais tarde à Guerra do Peloponeso. Vide D. Kagan, *The Outbreak of the Peloponnesian War* (Ithaca e Londres, 1969), pp. 9-74; Masracchia, p. 210.

cidade por cidade e povo por povo, ou por conquista ou por prévia submissão; e para alimentação teriam sempre as colheitas anuais dos
4   Helenos. No entanto, ele estava convencido de que o Persa, vencido na batalha naval, não permaneceria na Europa. Seria portanto conveniente deixá-lo fugir, para que com a sua retirada atingisse a pátria; e a partir daí sugeria que se fizesse a luta nos seus próprios domínios[216]. E desta opinião foram também os restantes estrategos do Peloponeso.

109.1   Ora quando Temístocles compreendeu que não persuadiria a maioria a navegar rumo ao Helesponto, mudou de atitude e, dirigindo-se aos Atenienses – já que eram estes que sobretudo estavam irritados com a fuga dos Bárbaros e estavam dispostos a rumar em direcção ao Helesponto e a tomar a iniciativa sozinhos, se os outros o não quisessem fazer –,
2   disse-lhes o seguinte: «Em pessoa, eu já me encontrei em muitas circunstâncias, e muito mais numerosas ainda as que ouvi contar, em que, forçados pela necessidade, homens já vencidos retomam o combate e reparam a anterior cobardia. Ora nós – já que deparámos com um êxito inesperado, tanto nós como a Hélade, ao repelir tão grande nuvem de
3   homens – não devemos perseguir o inimigo que foge. É que não fomos nós que realizámos este feito, mas os deuses e os heróis que não aceitaram de bom grado que um só homem governasse a Ásia e a Europa, para mais uma pessoa ímpia e iníqua que tratou do mesmo modo templos e casas particulares, queimando e derrubando as imagens dos deuses, e
4   que até fez açoitar o mar e lhe lançou cadeias[217]. Mas, visto a nossa situação presente ser favorável, permaneçamos na Hélade e cuidemos de nós e das nossas famílias; depois de ter afastado por completo o Bárbaro, reconstrua cada um a casa e consagre-se com afinco às sementeiras. E, com a chegada da Primavera, navegaremos para o
5   Helesponto e para a Iónia». Falou desse modo para granjear gratidão

---

[216] Concordo com a interpretação de Masaracchia, p. 210 de que a proposta, feita por Euribíades, de uma guerra nos territórios do próprio rei da Pérsia, favorecida pela recordação da Revolta Iónica, visa convencer Temístocles de que a sua estratégia contempla os propósitos de uma ofensiva reparadora, não sendo necessário pensar que neste passo de Heródoto há um anacronismo, derivado da Simaquia de Delos (de 477 a.C.) ou das operações navais de Mícale e Sestos (479 a. C.). Mas, como Legrand, *Hérodote, Histoires* VIII, p. 108 nota 3, penso que não era propósito de Euribíades perseguir o Bárbaro até aos seus domínios. Assim o demonstrou a atitude de Esparta nos acontecimentos posteriores a Mícale.

[217] Nova referência à inveja ou castigo dos deuses (*phthonos*) a um acto de insolência (*hybris*). Já anteriormente Heródoto (8. 77) sublinhara a de Xerxes, através de um oráculo de Bácis. Sobre a *hybris* e a inveja dos deuses em Heródoto, vide M. H. Rocha Pereira, *Estudos de História da Cultura Clássica* I – *Cultura Grega* (Lisboa, 81998), pp. 287-289; Maria de Fátima Silva, *Heródoto, Histórias* I (Lisboa, 1994), pp. 27-49 (onde analisa em especial a *hybris* de Creso e de Ciro no Livro 1);Carlos Schrader, p. 132 nota 396.

junto do Persa, a fim de conseguir um refúgio, se alguma vez sofresse algum agravo por parte dos Atenienses – facto que, na realidade, aconteceu[218].

Temístocles, ao falar desse modo, tinha intenções dolosas, e os Atenienses deixaram-se convencer: como já tinha antes a fama de sábio e acabava de mostrar-se verdadeiramente sábio e de bom conselho[219], estavam predispostos a acreditar inteiramente nas suas palavras. E mal Temístocles os viu convencidos, de imediato enviou alguns homens num navio, nos quais tinha confiança, seguro de que silenciariam o que ele próprio lhes ordenara dissessem ao rei, mesmo quando sujeitos a todo o tipo de tortura. Do número desses homens fazia parte de novo o seu escravo Sicino[220]. Quando estes emissários chegaram à Ática, permaneceram na embarcação, e apenas Sicino foi ter com Xerxes e lhe disse o seguinte: «Envia-me Temístocles, filho de Néocles, estratego dos Atenienses e o mais valente e astuto de todos os aliados, para te dizer que ele, Temístocles de Atenas, na intenção de te favorecer, conteve

110.1

2

3

---

[218] A parte final da vida de Temístocles foi bastante atribulada. Dela nos informam Tucídides 1. 135-138; Plutarco, *Temístocles* 22-32; Diodoro 11. 54-58; Estrabão 13. 1. 12 e 14. 1. 10. Opositor da política filo-espartana de Címon, filho de Milcíades, Temístocles viu-se ostracizado, possivelmente em 471/470, e, depois de várias peripécias, por volta de 465, acabou por se refugiar junto do rei persa que lhe concedeu o governo de Magnésia do Meandro e de outras cidades. Sobre a fase final da vida de Temístocles e sua cronologia vide R. J. Lenardon, «The Chronology of Themistokles' Ostracism and Exile», *História* 8 (1959) 23 sqq. e *The Saga of Themistocles* (Londres, 1978), caps. 6-9.

[219] O historiador alude (8. 56 sqq.) à sua actuação durante as reuniões que precederam a Batalha de Salamina, às propostas que defendeu e ao modo como evitou que a frota grega se retirasse para Corinto. Corrobora novamente em 8. 124. 1 que foi considerado o mais sábio dos Helenos. Sobre o assunto vide R. J. Lenardon, *The Saaga of Themistocles*, pp 82-86. Vide supra notas 112 e 120.

[220] O mesmo Sicino tinha sido enviado aos Persas com a falsa mensagem de que a armada grega tinha intenção de fugir durante a noite (Heródoto 8. 75).

As fontes não são convergentes no que respeita a esta segunda mensagem de Temístocles ao rei persa. Se Diodoro 11. 19. 5-6 parece fazer-se eco de Heródoto, já Plutarco, *Temístocles* 16. 4-5 varia quanto ao emissário – um eunuco de Xerxes, chamado Árnax, que os Gregos tinham feito prisioneiro – e quanto às intenções da mensagem: sem qualquer alusão a traição de Temístocles, aparece como nova astúcia patriótica para conseguir a partida da frota persa. No mesmo sentido vai Ctésias (*FGrHist* 688 F 13. 30-31) que considera essa retirada como resultado dos ardis conjuntos de Temístocles e Aristides.

Esta segunda mensagem de Temístocles não é de modo geral considerada histórica, já que seria de todo impossível que Xerxes voltasse a confiar em Temístocles, depois das graves consequências da primeira. É bem possível que tenha sido inventada, como duplo dessa primeira, pelos adversários do estadista para sombrear um pouco a sua actuação em Salamina. Vide J. Wolski, «L' influence des guerres médiques sur la lutte politique en Grèce», *Eirene* 9 (1971) 641 sqq.; C. Schrader, p. 181 nota 558; A. Masaracchia, p. 212.

os Helenos que desejavam perseguir a frota e destruir as pontes do Helesponto. E agora podes recolher-te a casa com toda a tranquilidade.»

111.1 Transmitida esta mensagem, os emissários regressaram ao ponto de partida. E os Helenos – depois de lhes ter parecido sensato não continuar a perseguir por mais tempo a frota dos Bárbaros nem içarem vela rumo ao Helesponto para cortar a passagem – assediaram a ilha de

2 Andros com intenção de a arrasarem[221]. É que os Ândrios foram os primeiros dos insulares que não entregaram a Temístocles o dinheiro exigido. Pelo contrário, quando o estratego lhes apresentou o argumento de que os Atenienses se faziam acompanhar de duas poderosas divindades, a Persuasão e a Coacção, de modo que tinham forçosamente de lhe dar o dinheiro, responderam eles, perante tais ameaças, que Atenas era na verdade uma cidade poderosa e próspera, e com razão, visto que

3 até gozava do favor de deuses eficazes. Todavia os Ândrios tinham carência de terras em elevado grau e duas divindades inúteis que não abandonavam nunca a sua ilha, mas nela habitavam permanentemente – a Pobreza e a Incapacidade[222]. E como contavam com o apoio destas divindades, não entregariam o dinheiro, pois nunca o poderio dos Atenienses seria capaz de superar a impotência deles. Em suma, ao darem tal resposta e não entregarem o dinheiro, os Ândrios viram-se sitiados.

---

[221] Ao contar o assédio à cidade de Andros, situada na costa ocidental da ilha do mesmo nome, Heródoto põe em realce um pequeno episódio – talvez produto de uma tradição contrária a Temístocles que vigorava na Atenas do tempo do historiador – que é, no entanto, elucidativo do modo como actuava o imperialismo ateniense e que pode ser aproximado do do diálogo entre os Atenienses e os Mélios, contado por Tucídides 5. 84 sqq. Temístocles fala como se os Atenienses estivessem sozinhos, pelo que devemos ter aqui um reflexo do modo como eles actuavam e da argumentação que utilizavam para reclamar os contributos dos aliados da Simaquia de Delos. Vide A. French, «The Tribute of the Allies», *Historia* 21 (1972) 1 sqq.; Masaracchia, p. 213. O mais provável é que se trate de uma multa imposta pelos aliados gregos às cidades que tinham colaborado com os Persas, entre os quais estavam os Ândrios, como se pode ver em Heródoto 8. 66. 2.

[222] A personificação e divinização de conceitos abstractos são próprias do pensamento grego (cf. Ésquilo, *Coéforas* 58-59; Sófocles, *Electra* 179). Das duas divindades ao serviço dos Atenienses, a Persuasão (*Peitho* em grego) já nos aparece em Hesíodo (*Teogonia* 349 e *Erga* 73) e Coacção (*Anankie*) é substituída em Plutarco (*Temístocles* 21. 1-2) por *Bia*, a Força. As duas divindades que protegem os Ândrios derivam da tradição poética, pois já nos surge em Alceu, fr. 364 L-P e a *Amekania* (Incapacidade) tem um significativo papel em Teógnis de Mégara (vv. 139-140); em Plutarco, *Temístocles* 21. 1-2 em lugar de *Amekania* aparece *Aporia*, seu sinónimo na prosa. É visível a ironia subjacente à resposta dos habitantes de Andros.

112.1 Mas Temístocles, cuja avidez não tinha limites, enviou às outras ilhas vizinhas próximas[223] mensagens ameaçadoras a pedir dinheiro, através dos mesmos emissários que também remetera ao rei, dizendo--lhes que, se não entregassem o que solicitava, viria à frente do exército dos Helenos, cercá-las-ia e arrasá-las-ia. Com tais ameaças conseguiu 2 elevadas somas dos Carístios e dos Pários[224]: sabedores de que Andros estava cercada, por ter apoiado os Medos, e de que Temístocles era o mais conceituado dos estrategos, ficaram atemorizados com tudo isso e enviaram o dinheiro. Mas, se também o deram quaisquer outros dos insulares, não posso afirmar. Penso, no entanto, que alguns deles também o fizeram e não apenas aqueles que nomeei. Apesar disso, nem mesmo 3 desse modo os Carístios evitaram a desgraça; mas os Pários conseguiram apaziguar Temístocles com o dinheiro e evitar o ataque da frota. E então Temístocles, operando a partir de Andros, obteve riquezas dos insulares, com o desconhecimento dos demais estrategos.

Entretanto os homens de Xerxes, passados poucos dias após a **113.**1 batalha naval, abandonaram a Ática em direcção à Beócia, pelo mesmo caminho. É que pareceu oportuno a Mardónio acompanhar o rei, considerando que a estação do ano não era propícia para operações militares e que seria melhor hibernar na Tessália e em seguida, com a chegada da Primavera, tentar atacar o Peloponeso. Quando chegara à 2 Tessália, então Mardónio escolheu, em primeiro lugar, todos os Persas que são chamados Imortais[225], com excepção de Hidarnes, seu

---

[223] Naturalmente, refere-se às ilhas quee não haviam combatido ao lado dos Gregos, a grande maioria das ilhas do Egeu.

Sobre a riqueza pessoal de Temístocles vide J. K. Davies, *Athenian Propertied Families* (Oxford, 1971), pp. 215-217.

[224] Os habitantes de Caristo, cidade do sul da Eubeia, não conseguiram, no entanto, evitar a desgraça, como se especifica adiante, talvez por não terem podido saldar na totalidade a multa que lhe impuseram os aliados. Quanto a Paros, a ilha teve uma atitude ambígua, durante a invasão de Xerxes, como especifica Heródoto no capítulo 67. 1, naturalmente à espera do desfecho da guerra.

Como observa Masaracchia, p. 214, a questão de Andros não é um caso isolado, condicionado por fins pessoais e egoístas do estadista. Pelo contrário, a mudança de política, anunciada por Temístocles no cap. 109, insere-se numa actuação geral e audaz, caracterizada por iniciativas autónomas de Esparta e que visavam transformar Atenas numa grande potência do Egeu, política que começa a ser seguida mais abertamente depois de Mícale (cf. Heródoto 9. 114).

[225] Tropa de elite de dez mil soldados, constituída por Persas, Medos e Elamitas, de que fala Heródoto em 7. 41. 1 e 7. 83. 1. Apesar desta afirmação, pensa-se, no entanto, que teriam partido com Xerxes, dado que não são nomeados no decorrer das operações subsequentes, durante o ano de 479.

comandante – já que este afirmara que não abandonaria o rei – e depois, entre os outros Persas, os que estavam armados de couraça, um contingente de mil cavaleiros e ainda Medos, Sacas, Báctrios e Indus,
3   quer de infantaria, quer de cavalaria. E, em relação a esses, escolheu-os na totalidade, mas dos restantes aliados escolheu apenas um pequeno número – começou por escolher os que tinham boa estatura e os que sabia terem-se comportado bem. Mas o grupo étnico que escolheu em maior número foi o dos Persas, homens que usavam colares e braceletes[226], e em seguida os Medos, cuja quantidade não era inferior à dos Persas, embora o fossem na força. E desse modo perfaziam na totalidade trezentos mil, com os cavaleiros.

114.1   Mas durante essse tempo em que Mardónio procedia à selecção das suas tropas e Xerxes se encontrava na Tessália, chegou de Delfos um oráculo para os Lacedemónios a incitá-los a pedirem satisfação a Xerxes pela morte de Leónidas e a aceitarem o que ele lhes desse[227]. Os Espartanos enviaram então a toda a pressa um arauto que, ao encontrar ainda todo o exército na Tessália, apresentou-se diante de Xerxes e disse-
2   -lhe o seguinte: «Ó rei dos Medos, os Lacedemónios e os Heraclidas[228] de Esparta exigem-te satisfação de uma morte, porque causaste a morte do seu rei, quando defendia a Hélade.» Xerxes pôs-se a rir e, depois de longo tempo de silêncio, como acontecia encontrar-se Mardónio, apontou para ele e disse: «Pois bem, será Mardónio, aqui presente, que lhes dará a satisfação adequada.»

É curioso que o intento anunciado de Mardónio é atacar o Peloponeso, naturalmente por pensar que atrairia a si Atenas com a oferta de grandes benefícios e que isolaria Esparta.

A retirada para a Beócia talvez se deva ao facto de a Ática se encontrar devastada, como observa C. Hignett, *Xerxes' Invasion of Greece* (Oxford, 1963), p. 266.

Hidarnes de que se fala a seguir era filho de um dos sete persas que restauraram o império, também chamado Idarnes (cf. Heródoto 3. 70) e da sua actuação nas Termópilas nos fala o historiador no Livro 7. 210 sqq.

[226] Sobre estas características dos Persas cf. Heródoto 9. 80.2; Ésquilo, *Persas* 9; Xenofonte, *Anábase* 1.2.27 e 5. 8.8.

[227] Como na campanha anterior, em 480, Heródoto citara dois oráculos destinados aos Atenienses (cf. 7. 140-141), com a predição da vitória de Salamina, também agora é referido um oráculo que parece profetizar veladamente a vitória dos Gregos, no momento em que Mardónio passa a ser o opositor da Hélade. O oráculo acabará por cumprir-se, já que Mardónio pagará com a vida a morte de Leónidas. Vide A. Masaracchia, p. 215. Sobre a importância dos oráculos no Livro 6 de Heródoto vide Delfim Leão, *Heródoto, Histórias 6* (Lisboa, Edições 70, 2000), pp. 28-47.

[228] Os descendentes de Héracles que a tradição e os Dórios de Esparta e os Lacedemónios colocavam na origem da sua cidade e na de uma das suas famílias reais. Vide J. Ribeiro Ferreira, *Hélade e Helenos*. I, pp. 77-79.

O arauto, uma vez obtida a resposta, partiu. Mas Xerxes, deixando 115.1
Mardónio na Tessália, dirigiu-se a toda a pressa para o Helesponto,
atingindo em quarenta e cinco dias o ponto em que o tinha atravessado[229];
do seu exército não levava praticamente nada, por assim dizer. Quando, 2
na sua caminhada, chegavam a qualquer lugar e junto de pessoas,
quaisquer que elas fossem, assaltavam as suas colheitas para se
alimentarem. Mas se não encontravam qualquer fruto, comiam a erva
que nascia da terra; arrancavam a casca das árvores, tanto domésticas
como selvagens, colhiam as suas folhas e devoravam-nas, sem deixar
nada. Faziam-no constrangidos pela fome. Pelo caminho, uma epidemia 3
e a desinteria atacaram o contingente e dizimaram-no. E Xerxes deixava
os homens que se encontravam enfermos, ordenando às cidades, por
onde ia passando na sua caminhada, que cuidassem deles e os
alimentassem: uns na Tessália, outros em Síris da Peónia[230], outros ainda
na Macedónia. Na passagem pela Peónia, o rei não conseguiu recuperar 4
o carro sagrado de Zeus que aí deixara quando se dirigia para a Hélade.
Quando Xerxes o reclamou, os Peónios, que o haviam dado aos Trácios,
alegaram que os cavalos tinham sido raptados, enquanto pastavam, pelos
Trácios do norte que habitavam junto das nascentes do Estrímon.

Foi também nessa região que o rei dos Bisaltos e da Crestónia, um 216.1
Trácio, cometeu um acto excepcional. Tinha dito ele que, por sua vontade,

---

[229] Como refere o historiador no cap. 51. 1, Xerxes tinha demorado três meses no caminho do Helesponto a Atenas, pelo que a sua retirada demorou metade do tempo, se bem que não seja claro se os quarenta e cinco dias são contados a partir de Atenas ou da Tessália como parece deduzir-se do texto. Vide How-Wells, II, pp. 273-274; C. Hignett, *Xerxes' Invasion of Greece* (Oxford, 1963), p. 268 e nota 5. De qualquer modo, é tempo suficiente, que não autoriza falar em fuga precipitada. Vide C. Schrader, p. 188 nota 590.

A narração da retirada de Xerxes que se segue tem pormenores que divergem significativamente da que é feita por Ésquilo nos *Persas* 481 sqq., onde a desgraça e o sofrimento do exército persa começa na Beócia (tormentos da sede, v. 482) e não na Tessália, mas na qual nada se diz sobre a peste que, associada à fome, dizimou boa parte dos homens; por sua vez em Heródoto não há qualquer alusão à sede – pelo contrário, especifica mesmo a sua existência (8. 117. 2) –, nem à travessia do Estrímon gelado que tão relevante papel desempenha em Ésquilo na destruição das tropas persas (vv. 495 sqq.). Daqui se pode concluir ter Heródoto utilizado, na sua descrição, outras fontes que não o poeta trágico.

[230] Cidade da margem esquerda do Estrímon, a pormenorização do determinativo – Síris da Peónia – pretende distingui-la da povoação do mesmo nome da Itália, no Golfo de Tarento (cf. 8. 62.2).

A Peónia, localizada junto das nascentes do Estrímon, como diz o texto, ficava a norte da Bisáltia e da Crestónia, referidas no início do capítulo seguinte. Situada na parte nordeste da Calcídica, a primeira estendia-se na margem direita do curso inferior do Estrímon (cf. Heródoto 7. 115. 1; Tucídides 2. 99. 4-6). A Crestónia situava-se junto às nascentes do Quidoro, na zona noroeste da Calcídica (cf. Heródoto 7. 124).

2   se não submeteria a Xerxes, pelo que se encaminha para o norte, para o monte Rodope²³¹, e proibe os seus filhos de participarem na expedição contra a Grécia. Mas eles, quer fosse por não ter em conta a ordem, quer pelo simples desejo de ver o espectáculo da guerra, integraram-se na empresa ao lado do Persa. Por tal motivo, quando todos – e eram seis – regressaram, sãos e salvos, o pai mandou arrancar-lhes os olhos. Foi este o castigo que eles receberam.

117.1   Ora, quando os Persas, ultrapassada a Trácia, chegaram ao estreito, apressaram-se a atravessar o Helesponto na direcção de Ábidos, em barcos, pois já não encontraram as pontes estendidas de margem a
2   margem, mas destruídas por uma tempestade. Apesar de disporem nesses lugares de mais abundância de víveres do que acontecera durante a viagem, morreram muitas das forças sobreviventes, quer por se terem saciado sem qualquer medida, quer por ter havido mudança de águas²³². As restantes, na companhia de Xerxes, chegaram a Sardes²³³.

118.1   Circula, no entanto, estoutra versão que reza assim: quando Xerxes, na retirada de Atenas, atingiu Êion, nas margens do Estrímon²³⁴, a partir daí renunciou a continuar a viagem por via terrestre, mas entregou o exército a Hidarnes para o reconduzir ao Helesponto, enquanto ele
2   embarca num navio fenício para regressar à Ásia. Mas, em plena travessia, surpreendeu-o um vento, vindo do Estrímon, forte e tempestuoso²³⁵. E, como a borrasca aumentasse cada vez mais e o navio estivesse de tal modo sobrecarregado pela presença, na coberta, de numerosos Persas que viajavam com Xerxes, o rei, tomado de pânico, aos gritos, pergunta
3   ao piloto se havia alguma possibilidade de se salvarem. «Senhor – responde-lhe ele – nenhuma temos, se não nos livrarmos destes numerosos passageiros. Conta-se que Xerxes, aos escutar estas palavras, teria declarado: «Persas, que cada um de vós demonstre agora a sua

---

[231] Rodope é uma montanha da Trácia, limitada pelos vales do Hebro e do Estrímon, a leste e a oeste, respectivamente. Cf. Heródoto 4. 49.1.

[232] Desde cedo falavam os Gregos das águas como causa de enfermidades (cf. Alcméon de Crotona, fr. B4 D.K.), teoria depois desenvolvida no tratado hipocrático *Dos Ares, Águas e Lugares* 7-9.

[233] Xerxes, que se manterá em Sardes durante as operações militares do ano 479 (cf. Heródoto 9. 1 e 107. 3), sai neste momento da ribalta e só volta a ela no Livro 9. 108-113, no elucidativo episódio da mulher de Masiste.

[234] Cidade da margem esquerda do Estrímon, perto da foz, cerca de 4km a sul do local em que os Atenienses vão fundar Anfípolis, em 437/436.

[235] rata-se de um vento que sopra de Nornordeste, descrito pela obra da escola de Aristóteles, *De ventis* 973b 17. É o mesmo vento que impediu que a armada grega, chefiada por Agamémnon, partisse de Áulide para Tróia (cf. Ésquilo, *Agamémnon* 192-193).

preocupação com o rei, já que – ao que parece – de vós depende a minha salvação». Proferidas estas palavras, os Persas, depois de se prostrarem diante dele, lançaram-se ao mar, e o navio, desse modo aligeirado, pôde chegar salvo à Ásia[236]. Logo que desembarcou e se sentiu em terra, Xerxes fez o seguinte: ordenou que obsequiassem o piloto com uma coroa de ouro, por ter salvado a vida do rei, mas que lhe cortassem a cabeça, por ter causado a morte de muitos Persas.

Esta é a outra versão que circula a respeito do regresso de Xerxes, para mim de modo algum verosímil, sobretudo no que respeita ao episódio da morte dos Persas, pois, se fosse realmente aquela a resposta dada pelo piloto a Xerxes, em dez mil opiniões nem uma só haveria contrária a que o rei procederia do seguinte modo: teria feito descer para a cavidade do navio os que se encontravam na coberta – que eram Persas, e Persas da mais elevada nobreza – e lançado ao mar um número igual de remadores, que eram Fenícios[237]. Mas a verdade é que o rei, como já anteriormente referi, regressou à Ásia na companhia do restante exército, por um caminho terrestre.

De peso é por outro lado a seguinte prova: é seguro que, durante a sua viagem de regresso, Xerxes aportou a Abdera, estebeleceu com os seus habitantes laços de hospitalidade e presenteou-os com uma espada de ouro e com uma tiara tecida também em ouro[238]. E, ao que dizem os próprios Abderitas – se bem que, para mim, as suas palavras não sejam

---

[236] Nem em momentos dramáticos os Persas esquecem as suas regras de etiqueta. O episódio, que termina com a recompensa e castigo do piloto, tem sabor popular e visa exaltar os súbditos devotos e a justiça imparcial do rei. Arriano 7. 22. 3-4 conta-nos procedimento de Alexandre Magno. Vide K. Reinhardt, «Herodotos Persergeschichten», in Marg (ed.), *Herodot* cit., pp. 332 sqq.

[237] Como observa Masaracchia, p. 217, Heródoto exprime o seu pensamento com uma frase longa, anacolútica, elaborada que é um indício do seu empenho crítico e da sua vontade de separar nitidamente a sua da opinião geral. É, no entanto, também verdade que mudar de remadores em plena tempestade obrigaria a privar o navio de elementos essenciais e estabilizadores durante algum tempo. Além disso, os nobres persas não seriam capazes de substituir uma equipa treinada e disciplinada para manobrar, cumprindo as ordens do piloto, em momento difícil como aquele. Vide C. Schrader, p. 194 nota 614.

[238] Abdera é uma cidade da costa da Trácia que fica a nordeste da ilha de Tasos e, para oriente, dista de Êion cerca de 110km.

O *akinake*, palavra persa que traduzi por "espada", era uma espada curta, parecida ao alfanje. Era um dos objectos que o rei mais frequentemente oferecia, e um dos presentes mais honrosos: cf. Xenofonte, *Anábase* 1. 2. 27 e 8. 29. Heródoto 7. 54. 2 informa que Xerxes atira ao Helesponto um *akinake*, além de outros objectos, acrescentando não ter a certeza se os lançava como oferendas ao Sol ou se arrependido por ter fustigado o mar.

A tiara é referida por Heródoto em 3. 12. 4 e 7. 61. 1.

totalmente dignas de crédito –, foi ali que Xerxes, ao fugir de Atenas para o seu país, pela primeira vez desatou o cinturão, ja que se sentia em segurança[239]. Mas Abdera situa-se mais próximo do Helesponto do que o Estrímon e Êion, onde precisamente, ao que dizem, o rei teria embarcado.

121.1 Entretanto os Gregos, uma vez que não conseguiam tomar Andros[240], dirigiram-se para Caristo e, depois de terem devastado o seu território, partiram para Salamina. Então, antes de tudo o mais, escolheram como primícias aos deuses, entre outras coisas, três trirremes fenícias, uma para ser consagrada no Istmo – barco que ainda existia no meu tempo –, outra em Súnion e a terceira na própria Salamina, em honra de Ájax[241].

2 Em seguida distribuíram os despojos e enviaram as primícias a Delfos [com os quais foi erigida uma estátua masculina, de doze côvados de altura, que segura na mão o esporão de um navio e que se ergue no mesmo lugar da estátua de ouro de Alexandre da Macedónia].

122 Depois do envio das primícias a Delfos, os Gregos perguntaram ao deus, em comum, se as oferendas recebidas eram suficientes e do seu agrado. E o oráculo respondeu que as possuía de todos os outros Helenos, menos da parte dos Eginetas, dos quais reclamava uma oferta pelos feitos gloriosos na batalha naval de Salamina[242]. Ora, quando os Eginetas de

---

[239] Equivale a dizer que Xerxes, durante cerca de dois terços da viagem (uns 30 dias), não se teria despido para repousar, o que é ridículo ou pelo menos inverosímil. A afirmação tem de ser interpretada como uma hipérbole (cf. Heródoto 5. 106. 6).

[240] O historiador retoma a narração relativa às operações da armada grega, interrompida no capítulo 113.

[241] A descrição da sequência das operações executadas é um pouco estranha, já que a divisão dos despojos – dos despojos tomados em Salamina, é evidente – deveria preceder o envio das primícias. Pelo que conta Heródoto, talvez se deva deduzir que, de todo o espólio ainda indiviso, os Gregos seleccionaram primícias que enviaram ao deus do mar Poséidon, com santuários no Istmo e no Cabo Súnion (cf. Heródoto 8. 123.2; Pausânias 2. 1. 7), e a Ájax, herói de Salamina, como oferta colectiva. Era habitual entre os Gregos, depois de uma batalha naval, a dedicação nos santuários de proas de navios (cf. Heródoto 3. 59. 3; Xenofonte, *Helénicas* 2. 3.8).

Feita de seguida a divisão do despojo, como refere de imediato, as ofertas destinadas ao deus de Delfos teriam sido feitas separadamente por cada um dos Estados e do conjunto dessas ofertas obteve-se uma estátua que teria sido oferecida em comum. Essa estátua – naturalmente uma imagem de Apolo (cf. Pausânias 10. 14. 5 ou 3) – tinha uma altura de mais de cinco metros.

O rei Alexandre da Mecedónia referido no final do capítulo é Alexandre I, que reinou de 495 a 450 aproximadamente, uma personagem altiva a que aludem vários passos de Heródoto: 5. 19 sqq.; 8. 34 e 136 sqq; 9. 44 sqq. Vide supra nota 65.

[242] Como é sabido as respostas do deus Apolo, em Delfos, eram dadas através da Pítia: depois de proceder a abluções, entrava no áditon, onde fazia fumigações de folhas

tal tomaram conhecimento, consagraram-lhe estelas de ouro [que se erguiam sobre um mastro de bronze, no ângulo mais próximo do *kratêr* de Creso][243].

Depois da divisão dos despojos, os Gregos fizeram-se ao mar em direcção ao Istmo, para dar um prémio ao grego que, pelos seus feitos, mais digno se mostrou durante esta guerra. E logo que chegaram, os estrategos depositaram os votos sobre o altar de Poséidon para escolher quem de entre eles devia ocupar o primeiro e o segundo lugar; então cada um votou em si próprio, pois considerava que tinha sido ele, em pessoa, o mais valoroso, mas, para o segundo lugar, a maioria coincidiu em escolher Temístocles[244]. Assim, enquanto eles obtiveram apenas um voto cada, Temístocles, para o segundo posto, conseguiu uma considerável maioria. **123.**1

2

Se bem que os Helenos não quisessem, por inveja, resolver esta questão e regressasse cada um ao seu país, sem tomar uma decisão, mesmo assim a fama de Temístocles espalhou-se por toda a Grécia e ele foi considerado, sem qualquer dúvida, o mais sábio dos Helenos[245]. Mas porque, apesar de o artífice da vitória, não havia recebido as honras dos que tinham combatido em Salamina, sem demora dirigiu-se à Lecedemónia, desejoso de as obter[246]. E os Espartanos fizeram-lhe uma **124.**1

2

---

de louro e recebia exalações sulfúreas que a punham em transe. Nesse estado emitia sons ininteligíveis que depois eram interpretados pelos cresmólogos. Vide José Ribeiro Ferreira, *Hélade e Helenos* I, pp. 289-295; M.H. Rocha Pereira, *Estudos de História da Cultura Clássica* I– *Cultura Grega* (Lisboa, 81998), pp. 328-331.

A reclamação da oferta eginetapelo oráculo de Delfos deve ser um episódio, com datação posterior à Batalha de Plateias em 479.

[243] Sobre as ofertas de Creso a Delfos cf. Heródoto 1. 51. 2 e notas 64 e 65 em J. Ribeiro Ferreira e Maria de Fátima Silva, *Heródoto, Histórias* I (Lisboa, Edições 70, 1994), p. 84.

[244] Plutarco, *Temístocles* 17. 1-2 refere que todos os generais votaram em segundo lugar no estadista ateniense, o que parece indicar que o próprio Temístocles se colocou em segundo lugar; e que depois, nos Jogos Olímpicos do ano seguinte, todos os espectadores se levantaram e o ovacionaram, quando entrou no estádio.

[245] Sobre a fama de sabedoria e astúcia de Temístocles vide supra nota a 8. 110. 1 (n. 219).

No que respeita à inveja dos Gregos, as palavras que, em 7. 236. 1, Heródoto coloca na boca de Aquémenes parecem corresponder à sua própria opinião.

As póleis gregas, pequenos estados independentes, viveram em guerras permanentes, gerando-se rivalidades crónicas entre vizinhos de que se faz eco o próprio Heródoto: Esparta e Argos (7. 148)), Atenas e Egina (5. 82 sqq.), Atenas e Tebas e outras cidades da Beócia (5. 74. 2), Focenses e Tessálios (7. 176. 4). Vide J. Ribeiro Ferreira, *A Grécia Antiga. Sociedade e Política* (Lisboa, Edições 70, 1992), pp. 175-207.

[246] Ao referir que Temístocles foi o artífice da vitória, Heródoto alude aos seus esforços e defesa – inclusive recurso ao estratagema que leva os Persas a atacar – para que a batalha

bela recepção, tributando-lhe grandes honras. Assim a Euribíades, em recompensa dos seus feitos, concederam uma coroa de oliveira, honra que também outorgaram a Temístocles, para premiar a sua astúcia e habilidade. Obsequiaram-no ainda com um carro, o mais belo que havia em Esparta. E depois de o terem cumulado de elogios, quando ele partiu, trezentos Espartanos escolhidos – precisamente aqueles que recebem o nome de "Cavaleiros"[247] – escoltaram-no até à fronteira com a Tegeia. E, de todos os homens, ele foi o único, que nós saibamos, que os Espartanos assim escoltaram[248].

125.1 E quando, ido da Lacedemónia, chegou a Atenas, então Timodemo de Afidna, que era um dos seus inimigos mas não um homem de muita evidência, desvairado de inveja, começou a injuriar Temístocles pela viagem à Lacedemónia, alegando que em atenção a Atenas obtivera as homenagens concedidas pelos Espartanos, não pelos seus méritos pessoais[249]. E, uma vez que Timodemo não cessava as suas críticas, o

---

se travasse nos estreitos de Salamina e não no Istmo de Corinto, como pretendia a maioria dos Gregos, actuação que o historiador narra nos caps. 54 sqq. Plutarco, *Temístocles* 17.1 diz que todos os delegados, embora se manifestassem contrários por inveja, deram o primado a Temístocles como era devido. Vide F. J. Frost, «Themistocles' Place in Athenian Politics», *California Studies in Classical Antiquity* 1 (1968) 105-124.

A versão acolhida por Heródoto de que as honras recebidas dos Espartanos são fruto de uma iniciativa pessoal de Temístocles deriva de uma tradição ateniense contrária ao estadista, de que há outros ecos neste livro: 8. 4. 2, 58 e 111). Sobre esta tradição vide W. den Boer, «Themistocles in Fifth Century Historiography», *Mnemosyne* 15 (1962) 225 sqq. Como observa C. Schrader, p. 199 nota 639, é possível que a ida a Esparta se tivesse verificado no Inverno de 480/479 e visaria obter dos Lacedemónios a adesão à sua proposta, rejeitada pelo navarco Euribíades em Outubro de 480, de realizarem uma enérgica expedição ofensiva naval, quando chegasse o bom tempo – adesão que perece ter sido dada, como sugerem a recepção que lhe fizeram os Espartanos e a substituição de Euribíades no comando da frota lacedemónica por Leotiquidas, na Primavera de 479 (cf. Heródoto 8. 131. 2). Sobre o assunto vide G. Hignett, *Xerxes' Invasion*, pp. 275 sqq.

[247] Heródoto refere-se a este grupo especial de Espartanos em 1. 67. 5 e também neles falam outros autores gregos como Tucídides 6. 72. 4; Xenofonte, *Constituição dos Lacecemónios* 4. 3. Terão sido eles os acompanhantes de Leónidas nas Termópilas e que com o rei espartano aí pereceram (Heródoto 7. 205. 2). Nesse caso, foi entretanto reconstituído pelo recrutamento de cem em cada uma das três tribos de Esparta.

Heródoto fala de outros corpos escolhidos de soldados entre os Atenienses (9. 21. 3) e entre os Beócios (9. 67).

[248] Tucídides, ao narrar as diligências diplomáticas que precederam a declaração da Guerra do Peloponeso, coloca na boca dos embaixadores atenienses, enviados à assembleia da Simaquia do Peloponeso de 432, uma afirmação idêntica – de que os Espartanos tinham honrado Temístocles mais do que qualquer outro estrangeiro que os tivesse visitado (1. 74. 1).

[249] Timodemo de Afidnas – um demo da Ática que distava de Atenas quase 30km, para nordeste – é uma figura desconhecida que só aparece mencionada neste episódio

108

estadista disse-lhe: «Essa é a verdade. Se eu fosse de Belbina[250], não teria sido honrado assim pelos Espartanos, nem tu, meu caro, apesar de seres Ateniense».

Estes foram os incidentes ocorridos no episódio acabado de referir. **126.**1 Entretanto Artábazo, filho de Fárnaces, homem insigne entre os Persas já antes, mas que o seria ainda mais depois de Plateias, escoltou o rei até ao Estreito com sessenta mil homens do exército que Mardónio escolhera[251]. E, uma vez que Xerxes se encontrava agora na Ásia, 2 Artabazo, no caminho de regresso, chegado junto de Palene – uma vez que Mardónio hibernava na Tessália e na Macedónia e não o pressionava a juntar-se ao grosso do exército –, ao encontrar os habitantes de Potideia em revolta, não lhe pareceu acertado não os subjugar[252]. Na verdade, os Potideatas, depois de o rei ter passado junto ao seu território e de a frota persa retirar em fuga de Salamina, sublevaram-se abertamente contra os Bárbaros; e o mesmo fizeram os demais habitantes de Palene.

---

que, segundo Mazzarino, *Il pensiero storico classico* I (Bari, 1965), p. 188, seria de inspiração épica e aristocrática e visaria mostrar que, para se ter direito a honras, são necessários valor pessoal e ser natural de cidade ilustre.

O episódio vem contado também em Platão, *República* 1, 329e-330a; Plutarco, *Temísticles* 18. 5 e *Moralia* 185c; Cícero, *Da Velhice* 3. 8. Mas nestes três últimos autores – talvez por influência do primeiro – o interlocutor de Temístocles é natural de Serifo, pequena ilha das Cíclades. Vide R. Flacelière, «Sur quelques points obscurs dans la vie de Thémistocle», *Revue des Études Anciennes* 55 (1953) 5 sqq.

[250] Pequeno ilhéu rochoso situado à entrada do Golfo Sarónico, pouco distante do Cabo Súnion (cerca de 20km a sudoeste). O seu nome talvez seja de uso tradicional para designar nascimento em lugar obscuro e sem importância. A mesmo processo e com a mesma finalidade também a ele recorreu Sólon, ao desejar ter nascido em Folegrandros, pequena ilha das Cíclades (fr. 2 West, v. 3)

[251] Ainda que possamos ter nos números relativos as tropas sob o comando de Artabazo a tendência do historiador para avolumar as forças persas, não parece haver dúvida de que Heródoto segue aqui uma tradição diferente da utilizada na narração da retirada de Xerxes, onde é Hidarnes que acompanha o rei (cf. 8. 113. 2 e 118. 1) e se especifica que o rei chegou ao Helesponto acompanhado de poucos efectivos (8. 115 1). Em constante conflito de opinião com Mardónio, este nobre persa aparece de novo em Heródoto, em passos do Livro 9 e com juízos favoráveis, sobretudo a respeito da sua participação na Batalha de Plateias, sobre a qual manifesta estratégia diferente da de Mardónio e mais sensata e prudente (cf. 9. 41 sqq., 66 e 89). É natural portanto que Artabazo se sinta aliviado por Mardónio o não convocar e poder actuar independentemente. Daí que talvez o historiador esteja a seguir uma tradição favorável a Artabazo, formada em Dascíleo, na Frígia, para onde ele foi nomeado sátrapa em 477 (cf. Tucídides 1. 129), cargo que continuou nas mãos dos seus descendentes (cf. Tucídides 1. 67; 5.1). Vide C. Schrader, p. 201-202 nota 650.

[252] Potideia era uma cidade que se localizava no istmo do mesmo nome que ligava ao continente a Península de Palene, a mais ocidental das três em que se dividia a Calcídica

127 Por essa razão Artabazo cercou Potideia. E ante a suspeita de que os Olíntios se sublevariam contra o rei, cercou também a sua cidade. Habitavam-na os Botieus que tinham sido expulsos do Golfo Termeu pelos Macedónios[253]. Depois de tomar a cidade, por meio de assédio, mandou que conduzissem os seus habitantes a um lago e os degolassem. Quanto à cidade, entregou-a ao povo calcídico, nomeando Critobulo de Terone como seu governador[254]. E foi dessa forma que os Calcídicos se apoderaram de Olinto.

128.1 Depois de conquistar essa cidade, Artabazo entregou-se com afinco ao cerco a Potideia; e, enquanto se empenhava em tal tarefa, Timóxeno, comandante dos Ciónios, fez com ele um acordo para lhe entregar a cidade[255]. De que modo os contactos começaram, pessoalmente, eu não sei dizê-lo, já que não há informações a tal respeito[256]; mas a sua conclusão é como segue: sempre que escreviam uma carta e a queriam enviar de Timóxeno para Artabazo ou de Artabazo para Timóxeno, enrolavam a carta em volta das fendas de uma seta, cobriam-na de penas e lançavam-
2 -na para um local combinado[257]. Mas a traição de Timóxeno contra

---

(assim chamada devido à quantidade de colónias aí fundadas por Cálcis da Eubeia). Fundada por colonos coríntios, por volta de 625, Potideia, possuidora de dois portos (um no Golfo de Torone e outro no Termaico ou Termeu, como lhe chama Heródoto), tinha grande interesse estratégico e a sua sublevação significava para os Persas a perda de toda essa península. Consideram Masaracchia (p. 220) e Schrader (p. 202 nota 652) que o interesse de Heródoto por Potideia e Olinto – cidade referida no capítulo seguinte, situada a menos de 20km para nordeste de Potideia e que ainda nos inícios do séc. VI contava entre os seus habitantes com população não grega – se deve ao papel por elas desempenhado no desencadear e desenvolvimento da Guerra do Peloponeso: por exemplo, a rebelião de Potideia contra Atenas no Outono de 433 a.C. (cf. Tucídides 1. 56-66) é uma das alegadas causas da guerra. Sobre as causas da Guerra do Peloponeso vide D. Kagan, *The Outbreak of the Peloponnesian War* (Ithaca e Londres), pp. 273-285 e 345-374; G. E. M. de Ste Croix, *The Origins of the Peloponnesian War* (Londres, 1972), pp. 79-85.

[253] Os Botieus eram um povo parcialmente helenizado que habitava a Botieia, região da Mecedónia, situada a sul de Pela, entre os rios Áxio e Haliácmon (cf. Heródoto 7. 123. 3; Tucídides 2. 99. 3).

[254] Após a tomada de Olinto e o massacre dos Botieus, Artabazo seguiu a política usual dos Persas de colocarem a dirigir as cidade que se revoltam um tirano da sua confiança, neste caso um grego leal ao rei, natural de Torone, uma cidade situada na costa ocidental da Península de Sitónia, a central da Calcídica.

[255] Cione, cidade situada na costa meridional da Península de Palene, havia ocorrido em socorro de Potideia.

[256] Temos aqui uma formula típica de Heródoto para dizer do seu empenho em contar tudo o que apurou pessoalmente ou por intermédio de terceiros (cf. Heródoto 1. 49, 4. 40. 2, 5. 9. 1, 7. 6. 1, 8. 133, 9. 32.2 e 81. 2. É também uma prova da sua honestidade como historiador.

[257] As setas teriam, na extremidade oposta à ponta, ranhuras em que eram inseridas plumas – que no caso presente atravessavam a carta, segurando-a e dissimulando-a ao mesmo tempo.

Potideia foi descoberta, já que Artabazo, ao lançar a seta para o sítio combinado, errou o alvo e atingiu o hombro de um Potideata. Em torno do ferido, como costuma acontecer em caso de guerra, junta-se uma multidão que de imediato extrai a seta e, mal descobre a missiva, leva-a aos estrategos. Estavam também presentes outros aliados de Palene. Os 3 estrategos, no entanto, lida a carta e identificado o autor da traição, entenderam não acusar abertamente Timóxeno de traição, em atenção à cidade de Cione, para que os Ciónios, no futuro, não tivessem sempre a fama de traidores.

Foi deste modo que ele se viu descoberto. Havia três meses que **129.**1 Artabazo cercava a cidade, quando se deu um grande refluxo do mar, e de longa duração. E os Bárbaros, ao ver o espaço sem águas, usaram-no para se dirigirem para Palene[258]. Mas quando tinham percorrido duas 2 partes e ainda restava atravessar três para entrar em Pelene, sobreveio, de repente, uma preiamar de magnitude tal que, no dizer das gentes locais, nunca se tinha produzido outra igual, apesar de fenómeno frequente na região. Ora dos Bárbaros, os que não sabiam nadar foram completamente destroçados, quanto aos que sabiam, foram mortos pelos Potideatas que os atacaram de bordo de embarcações ligeiras. A causa da costa rochosa, 3 da preiamar e do desastre persa resultou, ao que dizem os Potideatas, do facto de terem sido precisamente esses Persas que foram destruídos pelo mar quem ofendera o templo e a estátua de Poséidon, que ficava diante da cidade. E ao apontar esta causa, dizem a verdade, em minha opinião. Artabazo então conduziu os sobreviventes à Tessália, até junto de Mardónio.

Foi esta a sorte que tiveram os que escoltaram o rei. Entretanto, a **130.**1 frota de Xerxes sobrevivente, depois de ter aportado à Ásia, na sua fuga de Salamina, e transportado o rei e o exército do Quersoneso para Abidos, passou o Inverno em Cime[259]. Mas apenas despontou a Primavera, a frota concentrou-se em Samos, onde alguns barcos também tinham

---

[258] A cidade de Potideia estava situada no istmo, muito estreito, que ligava a Península de Palene ao continente, e desses dois lados encontrava-se defendida por linhas de muralhas. Os homens de Artabazo – que já assediavam a cidade há três meses, ou seja, todo o Inverno de 480/479 –, uma vez que não dispunham de barcos, aproveitaram a descida inabitual das águas para fazer o ataque pelo lado posto a descoberto. Tucídides 1. 63. 1 fala de manobra semelhante, usada com êxito por Aristeu, comandante dos Potideatas contra os Atenienses.

[259] O Quersoneso aqui referido é o Quersoneso Trácio ou Helespôntico, actual península de Galípoli. Cf. Estrabão 13. 5. 9.

Cime era uma cidade da Eólia, na Ásia Menor, situada no Golfo de Eleia, entre Mirina e Cilene. Com um bom porto natural e boa ligação com Sardes pelo vale do Hermo, era a base naval persa mais próxima do Helesponto.

111

        hibernado[260]. A maioria dos efectivos da equipagem era constituída por
2   Persas e por Medos. Para o cargo de estrategos tinham chegado Mardontes, filho de Bageu, e Artaíntes, filho de Artaqueu; e com eles dividia também o comando Itamitres, neto de Artaíntes e por ele próprio designado para o cargo[261]. Mas porque as perdas eram de monta, não avançaram mais para ocidente, e ninguém tentou constrangê-los a tal, mas permanecendo em Samos, controlavam a Iónia com trezentos barcos,
3   incluindo os dos Iónios, para evitar que se sublevassem[262]. Por outro lado, de modo algum esperavam que os Gregos se apresentassem na Iónia, mas que se contentassem em proteger o seu país, baseados no facto de que eles os não tinham perseguido quando fugiam de Salamina, mas haviam retirado satisfeitos[263]. Portanto, consideravam-se derrotados por mar, mas estavam convencidos de que, por terra, Mardónio se imporia
4   nitidamente. E, sediados em Samos, iam deliberando em conjunto, se lhes era possível infligir algum dano aos inimigos, e ao mesmo tempo permaneciam de ouvidos atentos às notícias relativas ao desfecho da campanha de Mardónio.

131.1   Entretanto, a chegada da Primavera e a presença de Mardónio na Tessália haviam congregado os Gregos. Todavia as forças terrestres não

---

[260] Segundo se deduz de Diodoro Sículo 11. 27, a parte da frota que passou o Inverno em Samos era constituída por navios fenícios, já que o resto da frota persa hiberna em Cime.

Samos é uma grande ilha do Egeu, situada defronte do Cabo Mícale, entre Éfeso e Mileto.

[261] Depois da Batalha de Salamina os Persas destituíram os anteriores comandantes da frota, que vêm especificados em 7.97. 1.

Mardontes, pertencente ao influente clã persa dos Mardos, comandava no ano anterior um contingente do exército de Xerxes (cf. Heródoto 7. 80), os homens provenientes das ilhas do Golfo Pérsico. Não ficara entre os escolhidos por Mardónio, e agora vêmo-lo a chefiar a frota persa. Encontrará a morte na Batalha de Mícale em 479 (cf. Heródoto 9. 102.4).

Artaíntes e Itamitres pertenceriam à família dos Aqueménidas. Ao contrário de Mardontes, um e outro sobreviVerão ao desastre persa de Mícale (cf. Heródoto 9. 102. 4), mas Artaíntes será acusado de cobardia por Masiste (cf. Heródoto 9. 107), enquanto a tradição a respeito de Itamitres não parece ter sido muito positiva, segundo se deduz de Heródoto 9. 102.4.

[262] Diodoro Sículo 11. 27. 1 dá, como efectivos da frota persa de 479, um número superior a quatrocentos navios.

O receio de que os Gregos da Ásia Menor e das ilhas do Egeu se sublevassem foi preocupação constante dos Persas desde a Revolta Iónica de 494. Sobre o assunto vide G. Harris, *Ionia under Persia 547-477B.C.* Evanston, 1971), pp. 168 sqq.

[263] Os Persas ignoravam, portanto, que a frota grega havia perseguido a sua até Andros e que não foi pacífica a decisão de não continuar a perseguição.

estavam ainda a reunir-se, quando a frota chegou a Egina, num total de cento e dez navios[264]. Era seu estratego e navarco Leotiquidas, filho de Ménares, filho de Agesilau, filho de Hopocrátidas, filho de Leotiquidas, filho de Anaxilau, filho de Arquidamo, filho de Anaxandridas, filho de Teopompo, filho de Nicandro, filho de Carilau, filho de Êunomo, filho de Polidectas, filho de Prítanis, filho de Eurifonte, filho de Procles, filho de Aristodemo, filho de Aristómaco, filho de Aristodeu, filho de Hilo, filho de Héracles, da segunda família real. Todos eles, com excepção dos primeiros sete enumerados depois de Leotiquidas, tinham sido reis de Esparta[265]. No que respeita aos Atenienses, comandava-os Xantipo, filho de Arífron[266].

E quando todos os navios estavam presentes em Egina, chegaram ao acampamento grego emissários dos Iónios – entre os quais se encontrava também Heródoto, filho de Basilides – que se haviam

2

3

132.2

---

[264] Heródoto narrará a mobilização do exército grego em 9. 6 sqq.

Quanto ao número de 110 navios, comparado com os efectivos utilizados em Salamina, parece demasiado reduzido. Embora alguns historiadores (H. Delbrück, G. Busolt, Ed. Meyer) considerem que os Atenienses, desconfiados da estratégia naval espartana, teriam enviado apenas a Egina uma pequena esquadra, é mais provável que tenha sido a exiguidade dos meios disponíveis a determinar o esforço naval ateniense. Vide G. Hignett, *Xerxes' Invasion of Greece*, pp. 249-251. É natural, por outro lado, que Atenas, agora liberta da ameaça da frota persa e mais exposta do que a Lacedemónia aos ataques de Mardónio, desejasse contar com uma força terrestre numerosa e decidisse reforçar o seu exército de hoplitas em detrimento da armada.

Leotiquidas, referido a seguir, pertencia à família dos Euripontidas e sucedera na Lacedemónia a Demarato em 491 – quando, como conta Heródoto em 6. 61 sqq., com o apoio de Cleómenes, conseguiu que fosse deposto – e foi rei até 476. Apesar de o historiador já ter falado nele antes, a genealogia de Leotiquidas é colocada apenas aqui, por ser nesta altura que inicia a actuação militar. Procedimento igual teve Heródoto com Leónidas em 7. 204. Além dos Euripontidas, havia em Esparta uma outra, a dos Agíadas que parece ter gozado de maior consideração do que a primeira, já que o historiador a apelida de "segunda família real" e justifica mesmo (6. 52) essa maior importância através de um lenda etiológica relativa aos dois gémeos. Sobre as duas famílias reais de Esparta, os Agíades, vide Th. Lenschau, «Agiaden und Eurypontiden», *Rheinische Museum* 88, 1939, pp. 123 sqq); P. Oliva, *Esparta y sus Problemas Sociales* (trad. esp., Madrid, 1983), pp. 24-29.

[265] Leotiquidas era o oitavo descendente de Teopompo, por via de um ramo derivado de um filho mais novo, e substituiu Demarato que provinha de um ramo de irmão mais velho que herdara a realeza de Teopompo. Daí que os sete ascendentes de Leotiquidas, entre ele e Teopompo, não tenham sido reis.

[266] Xantipo, pai de Péricles (cf. Heródoto 6. 131.2), opôs-se a Milcíades (cf. Heródoto 6. 136. 1) e foi ostracizado em 484 (cf. Aristóteles, *Constituição dos Atenienses* 22. 6). O seu regresso a Atenas do exílio ter-se-á verificado juntamente com Aristides, aproveitando a amnistia concedida nos inícios de 480, para que a cidade enfrentasse unida os Persas. Prosseguirá a política marítima de Temístocles e, recusando retirar-se com o grosso da

2 apresentado pouco tempo antes em Esparta, para solicitar aos Lacedemónios que libertassem a Iónia. Estes enviados, que de início eram sete, unidos entre si por um pacto de conjura, decidiram assassinar Estrátis, tirano de Quios[267]. Mas quando foi descoberta a conspiração por denúncia de um dos implicados, os restantes seis deixaram Quios, a ocultas, e dirigiram-se para Esparta, de onde acabam de passar agora a Egina, a fim de solicitar aos Helenos que se façam ao mar para a Iónia.

3 A custo conseguiram arrastá-los até Delos[268]. É que tudo o que se encontrava mais adiante causava receio aos Gregos que não eram conhecedores daquelas paragens e julgavam que todas elas estavam pejadas de forças inimigas; e tinham e íntima convicção de que Samos se encontrava a uma distância igual à das Colunas de Hércules[269]. E assim aconteceu que os Bárbaros, apavorados, não ousavam navegar no alto mar, para ocidente de Samos, nem os Gregos se aventuraram mais a oriente de Delos, apesar dos pedidos dos Quiotas. Desse modo o medo guardava o espaço que entre eles se estendia.

133 Portanto, enquanto os Helenos navegavam para Delos, Mardónio passava o inverno na Tessália. E, ao dispor-se a partir dali, mandou aos diversos oráculos um homem de Europo, que tinha o nome de Mis, com a ordem de ir por todo o lado interrogar todos os oráculos que lhe fosse possível consultar[270]. O que queria saber dos oráculos, ao dar aquela

---

frota grega (cf. Heródoto 9. 114), obterá a glória de ser o conquistador de Sestos (cf. Heródoto 9. 115 sqq). Vide J. Labarbe, *La loi navale de Thémistocle*, pp 87-103; J. Carcopino, *L'ostracisme Athénien* (Paris, 1909), pp. 145-147; R. Thomsen, *The Origin of Ostracism* (Gyldendal, 1972), pp. 61-108.

[267] Aparece já citado por Heródoto em 4. 138.2, por ocasião da campanha de Dario contra a Cítia, entre os tiranos Gregos que são contrários a rebelar-se contra Xerxes.

Os delegados iónicos referidos – de início sete, número de modo geral associado a contextos novelescos – representariam as comunidades gregas da Ásia Menor submetidas aos Persas, mas possivelmente só as que se opusessem à tirania de Quios.

[268] Deduz-se que a embaixada não teve sucesso em Esparta: quando muito, teriam sido aconselhados a dirigirem-se a Leotíquidas que se encontrava em Egina.

Delos é uma pequena ilha das Cíclades, onde, como é conhecido, se encontrava um famoso santuário panióco de Apolo e onde de início ficou sediada a primeira simaquia hegemonizada por Atenas, fundada em 477 na sequência da conquista de Sestos. Vide J. Ribeiro Ferreira, *Hélade e Helenos* I, pp. 354-355 e *A Grécia Antiga. Sociedade e Política* (Lisboa, 1992), pp. 127 sqq.

[269] Embora Estrabão ofereça várias explicações para o sintagma, os Antigos, como é sabido, davam esse nome ao Estreito de Gibraltar – ou melhar, aos rochedos que de um lado e do outro aí se erguem: Calpe ou Gibraltar, no continente europeu, e Ábila ou Ceuta, no africano.

[270] Naturalmente, os Persas só poderiam consultar os oráculos que se encontravam em zonas sob o seu domínio. Como o de Apolo em Delfos não vem referido, talvez Heródoto

ordem, não posso dizê-lo, pois não há informações sobre o assunto, mas pessoalmente penso que o enviou para colher informações sobre a sua situação presente e não por outra razão.

Ora esse Mis, como é conhecido, chegado a Lebadia, convence um habitante local, mediante recompensa, a descer à gruta de Trofónio[271]; e também esteve em Abas na Fócida a interrogar o oráculo. No entanto, ele dirigiu-se em primeiro lugar a Tebas e aí consultou o oráculo de Apolo Isménio – no qual se pode obter as respostas pela observação das vísceras, como em Olímpia[272] – e, mediante dinheiro, induz um estrangeiro, não um tebano, a dormir no santuário de Anfiarau. Ora a nenhum dos Tebanos é permitido consultar o oráculo nesse lugar pelo motivo seguinte: Anfiarau, por meio de oráculos, das duas seguintes opções – contar com ele ou na qualidade de adivinho ou como aliado – incentivou-os a escolherem aquela que desejassem, renunciando à outra;

134.1

2

---

esteja a seguir uma tradição délfica, formada posteriormente e desejosa de minorar a ambiguidade inicial do oráculo. Sobre o assunto vide R. Crahay, *La littérature oraculaire chez Hérodote* (Paris, 1956), pp. 291-293.

Europo era uma cidade da Cária, provavelmente com o nome alternativo de Euromo (cf. Estrabão 14. 18. 2; Estêvão de Bizâncio, s. v. *Éuromos* e *Europós*). Portanto Mis era um homem da Cária (cf. Pausânias 9. 23. 6). Vide L. Robert, «Le Carien Mys et lóracle de Ptoîon», *Hellenica* 8, pp. 31 sqq.

[271] A Lebadia antiga talvez se situasse na encosta oriental de Ercina, a norte da cidade moderna e a cerca de 35km a leste de Delfos. Vide J. G. Frazer, *Pausanias' Description of Greece* V (), pp. 196 sqq. Por seu lado, o bosque da gruta de Trofónio ficaria na encosta ocidental. Este seria antigamente um deus ctónico local que foi assimilado por Zeus (Cf. Pausânias 1. 34. 2; Estrabão 9. 2. 38, 414; Tito Lívio 45. 27) e por outras divindades: Praxíteles representou-o com os atributos da serpente; Cícero (*Da Natureza dos Deuses* 3. 22, 56) parece identificá-lo com Hermes-Mercúrio. Trofónio converteu-se então num simples herói. Segundo Pausânias (4. 32. 5 e 9. 39. 2-14), as consultas praticadas no seu oráculo eram constituídas por uma série de rituais com alguma complexidade: o consulente devia purificar-se durante vários dias, permanecer no templo da *Tyche* (a Fortuna ou Acaso) e alimentar-se apenas de carne de animais sacrificados; depois, para esquecer o passado e poder recordar as profecias que fora receber, bebia águas das fontes consagradas ao Esquecimento e à Memória; por fim, de noite, descia a um poço – possivelmente em estado de semi-inconsciência devido a alucinogéneos –, onde se verificava a revelação. De regresso à superfície, os sacerdotes encarregados do oráculo sentavam-no no "Trono da Memória" e perguntavam-lhe o que tinha visto e ouvido. As suas palavras constituíam a profecia que depois era versificada.

O oráculo de Abas, referido a seguir, pertencia a Apolo, embora em 8. 33 Heródoto fale do saque e incêndio do santuário pelos Persas. Talvez o oráculo continuasse a funcionar. Não se diz nada sobre o modo como se realizava a consulta.

[272] Trata-se de um oráculo em que era de uso e norma sacrifícios consumidos pelo fogo. Pelo texto, deduz-se que as respostas eram obtidas através da observação das entranhas, que é um processo de adivinhação muito espalhado entre os Gregos. A comparação com Olímpia faz pressupor que se tratava de um procedimento piromântico.

e eles escolheram-no como aliado. Pois esta é a razão pela qual não é permitido a nenhum dos Tebanos passar a noite no interior daquele santuário[273].

135.1 Contam a este propósito os Tebanos que se verificou um facto extraordinário: ou seja, Mis de Europo, ao efectuar o percurso por todos os oráculos, chegou também ao recinto sagrado de Apolo Ptoos[274]. E este santuário, que se chama Ptóon, pertence aos Tebanos e encontra-se situado sobre o Lago Copais, na encosta de um monte, muito perto da
2 cidade Acrefia[275]. Quando esse tal sujeito, chamado Mis, entrou no referido santuário, era acompanhado por três cidadãos, designados pela comunidade para anotar as revelações do deus; e de súbito o sacerdote
3 começa a falar em língua bárbara. E os Tebanos, ao escutarem com admiração uma língua bárbara em vez do grego, não sabiam o que deviam fazer na presente situação. Então Mis de Europo tomou-lhes da mão a

---

[273] Teve tratar-se de um oráculo existente nas proximidades de Tebas. Anfiarau, talvez fosse inicialmente uma divindade ctónica local que se converte em herói originário de Argos, com papel de relevo no mito dos Sete contra Tebas. Segundo a lenda teria sido engolido pela terra (cf. Pausânias 1. 34.2; 9. 8. 3 e 19. 4). Nos *Sete Contra Tebas* de Ésquilo acompanha Polinices e prediz a própria morte. As respostas do oráculo eram obtidas através da interpretação dos sonhos – processo de que conhecemos outros exemplos. O consulente, depois de jejuar durante um dia e de sacrificar um cordeiro, dormia no interior do santuário sobre a pele do animal sacrificado. O sonho que tem durante a noite é então interpretado. Plutarco (*Moralia* 412 e *Aristides* 19), ao contar esta consulta de Mardónio ao oráculo, além de fornecer mais pormenores do que Heródoto, atribui a missão a um lídio, e a resposta obtida pressagia a morte de Mardónio em Plateias.
Sobre o modo de funcionamento do oráculo de Anfiarau vide J.G.Frazer, *Pausanias' Description of Greece* V, p. 31. Sobre a importância dos sonhos na mântica grega vide E.R.Dodds, *Os Gregos e o Irracional* (trad. port., Lisboa, 1988), p. 116 sqq.

[274] O oráculo tira o seu nome do facto de se situar na encosta ocidental do monte Ptoos, situado a cerca de 15 km de Tebas – designação derivada do filho de Atamante e Temisto (cf. Apolodoro 1. 9. 2). Santuário escavado pela Escola Francesa em finais do século XIX, aí funcionava um oráculo que se exprimia por sentenças: colocado numa gruta artificial, situada abaixo do templo, o profeta ou *prómantis*, emitia os oráculos de forma sentenciosa. Vide J.G. Frazer, *Pausanias' Description* V, pp. 100 sqq.; L. Robert, «Le Cariem Mys et lóracle de Ptoîon», *Hellenica* 8, pp. 28 sqq.;
O episódio aqui narrado constitui uma espécie de parêntesis na digressão relativa à consulta aos oráculos. A estranheza do episódio está no facto de o oráculo se exprimir em cário, a língua do interpelante, a não na tradução a que Mis procedeu (cf. Plutarco, *Aristides* 19. 2). Vide L. Robert, «Le Cariem Mys et lóracle de Ptoîon», *Hellenica* 8, pp. 23 sqq.

[275] Acrefia era uma cidade que teve vida de pólis independente entre 550 e 480 e 456-446 e dela distava o santuário de Apolo Ptoos, ou o Ptóon, cerca de dois quilómetros e meio (cf. Pausânias 9. 23. 5). Vide P. Guillou, «Les trépieds du Ptoîon», *Revue des Études Grecques* 56 (1943) 360 sqq.
O Lago Copais era um pântano, acabado de drenar em finais do séc. XIX, que, na Antiguidade, chegava a atingir no Inverno 200km² de superfície.

tabuinha que levavam e escreveu nela o que o profeta dizia, afirmando que ele se exprimia em idioma cário, e, transcrita a resposta, partiu para a Tessália.

E Mardónio, ao ter conhecimento do que diziam os oráculos, enviou de imediato um mensageiro a Atenas, Alexandre da Macedónia, filho de Amintas; e enviou-o, quer porque ele e os Persas estavam ligados por vínculos de parentesco – de facto o persa Bubares estava casado com Gígea, irmã de Alexandre e filha de Amintas, e dela teve um filho que tinha o nome de Amintas da Ásia e a quem o rei tinha concedido o governo de Alabanda, uma grande cidade da Frígia –, quer por Mardónio saber que ele era próxeno e evérgeta dos Atenienses[276]. Considerava, na verdade, que essa seria a melhor maneira de os chamar à sua causa, pois ouvira dizer que era um povo numeroso e valente e sabia que tinham sido sobretudo eles os responsáveis pelo desastre que lhes acontecera no mar. Se obtivesse a sua aliança, estava seguro de conquistar facilmente o domínio do mar – o que na realidade já acontecia –, pois por terra considerava-se nitidamente superior. Calculava que, em tais circunstâncias, lhes seria muito superior. Também é verosímil que os oráculos o tivessem prevenido sobre tal matéria, aconselhando-o a fazer uma aliança com os Atenienses, a quem, pois, convencido pela advertência, enviou o rei macedónio.

136.1

2

3

---

[276] O próxeno era um cidadão que se ocupava, na sua cidade, dos interesses dos nacionais da pólis que lhe concedia essa honra; portanto, funções com semelhança com as do actuais cônsules. Era também um título honorífico dado a um estrangeiro que prestara serviços à pólis.

O título de evérgeta (*evergétes* "benfeitor") era concedido a um estrangeiro que tivesse prestado serviços relevantes à pólis que o outorgava.

Alabanda (cf. Estrabão 14. 2. 22) era uma cidade da Cária, na margem esquerda do rio Mársias, afluente do Meandro.

Heródoto apresenta o rei macedónico Alexandre I como uma personalidade pronta e corajosa com um misto de astúcia que no conflito sabe jogar entre Gregos e Persas. O historiador refere-se-lhe em vários passos: em 5. 18 sqq., conta-nos a duro castigo que inflige aos hóspedes persas que haviam faltado ao respeito às mulheres da corte da Macedónia, para logo de seguida evitar as represálias do rei persa casando a irmã Gígea com o persa Bubares, que é um dos directores dos trabalhos de abertura do canal do Atos (Heródoto 7. 22. 2-3); em 7. 173. 3, adverte os Gregos em Tempe do perigo que correm, devido ao poderio dos Persas; em 8. 34, manda homens seus para as cidades da Beócia e consegue evitar o seu saque; agora vem advertir os Atenienses do ataque próximo de Mardónio e de que seria mais sensato colaborarem com os Persas, como voltará a fazê-lo em 9. 44 sqq. A resposta de Atenas põe em realce os laços que os uniam aos outros Gregos e os impediam de trair a causa dos Helenos: comunidade de raça, de religião, de língua, de costumes e leis, de gostos (cf. 8. 144.3) – afirmação com que, praticamente, conclui o livro 8. Sobre o assunto vide J. Ribeiro Ferreira, *Hélade e Helenos* I, p. 108-109 e 349-350.

137.1	E desse Alexandre é sétimo ascendente Perdicas que adquiriu a soberania sobre os Macedónios do seguinte modo: três irmãos – Gavanes, Aéropo e Perdicas –, que descendiam de Témeno, tinham fugido de Argos para a Ilíria, de onde passaram para a Alta Macedónia, chegando à cidade
2	de Lebeia[277]. Aí, por um soldo, colocaram-se ao serviço do rei, um guardando cavalos, outro bois e Perdicas, o mais novo deles, o gado miúdo[278]. Ora antigamente também as famílias reais eram parcas de dinheiro, não apenas o povo. E por isso era a própria mulher do rei que
3	pessoalmente lhes preparava a comida. E sempre que cozia o pão, a ração do jornaleiro mais jovem, de Perdicas, duplicava esponta-

---

[277] Com esta história de Gavanes, Aéropo e Perdicas, três irmãos que representam talvez três tribos, como acontece na história lendária dos Citas (cf. Heródoto 4. 5. 2-4), encontramo-nos mais uma vez perante um tema popular de três irmãos em que o mais novo acaba por superar os outros dois.

Heródoto dá os três irmãos como naturais da Argos da Argólida, no Peloponeso e descendentes de Témeno – que, na tradição mitológica, era filho de Aristómaco (cf. Heródoto 8. 131) e, portanto, bisneto de Héracles e um dos protagonistas do retorno dos Heraclidas ao Peloponeso, tendo-lhe calhado o governo de Argos, depois da conquista daquela península. Tucídides 2. 99. 3-100. 2 atribui à dinastia macedónica a mesma genealogia e concorda com o historiador de Halicarnasso quanto ao número de reis. Segundo outra tradição, formada, ao que parece, no séc. IV, o fundador da monarquia macedónica teria sido Cáramo, filho ou irmão de Fídon de Argos e terceiro ascendente de Perdicas (cf. Teopompo, *FGrHist* 115 F 393) – uma tradição que tinha por objectivo dar à dinastia macedónica a mesma antiguidade da dos Persas, a dos Aqueménidas. Vide How-Wells, *A Commentary on Herodotus* II, p. 282. Sobre a genealogia dos Aqueménidas vide C. Schrader, *Heródoto, História* VII (Madrid, 1985), Apêndice III.

Desconhece-se a localização da cidade de Lebeia, mas de Argos tinham fugido para a Ilíria – região que fica no noroeste da Macedónia – e daí para Lebeia. Embora todas as versões da lenda coloque a metrópole da casa real da Macedónia em Argos da Argólida (cf. Isócrates, *Filipe* 32), essa ligação deve derivar da semelhança do nome da dinastia dos Argéadas. Esta seria, na realidade uma tribo macedónica que, proveniente de Argos Orésticon – cidade de Orestíade, no alto curso do rio Haliácmon –, se impôs sobre as demais (cf. Tucídides 2. 80. 6; Pausânias 7. 9. 9; Estrabão 7, fr. 6, 329). A associação com Argos da Argólida, promovida pelos próprios monarcas macedónicos, visaria o enobrecimento das suas origens. Vide A. Daskalakis, «L' Origine de la maison royale de Macèdonie et les légendes relatives à l' antiquité», *Archaía Makedonia* (Tessalonica, 1970), pp. 155 sqq. (apud Schrader, p. 222 nota 713).

[278] Os três irmãos trabalharam como tetas para o rei: combinado com o empregador um salário, terminada a tarefa, esses tetas não eram frequentemente ressarcidos, de que temos exemplos vários nos Poemas Homéricos (cf. *Ilíada* 21. 443-455; *Odisseia* 11. 489--490). Sobre o teta e seu estatuto jurídico e social vide M. Finley, *O mundo de Ulisses* (Lisboa, 1972), cap. 3, sobretudo pp. 78 sqq.; J. Ribeiro Ferreira, *Hélade e Helenos* I, pp. 239-242. O quadro político descrito neste episódio é o da monarquia heróica ou agrária do tipo da que aparece bem exemplificada nos Poemas Homéricos e que vem caracterizada na *Política* de Aristóteles (3, 1285b 4 sqq.).

neamente[279]. E como acontecia sempre o mesmo fenómeno, contou-o ao marido. E este, ao escutar o relato, logo concebeu a ideia de que se tratava de um prodígio e indiciava grande acontecimento. Assim, tendo chamado à sua presença os serviçais, intimou-os a abandonar o seu país. Mas eles responderam-lhe que só partiam depois de receberem o salário que era justo. Então o rei, ao ouvir falar de salário – visto que o sol entrava no compartimento através de um buraco de chaminé –, exclamou, perturbado por algum deus: «Eis o salário digno de vós que vos entrego». E apontava o raio de sol. Gavanes e Aéropo, os mais velhos, ficaram atónitos, aos escutar tal proposta. O mais novo, porém, que tinha por acaso uma adaga, disse: «Aceitamos, ó rei, o que nos dás». E com a adaga traçou no pavimento um círculo em volta da luz do sol. E, repetindo três vezes o gesto de circunscrever o sol e de o guardar no bolso, afastou-se na companhia dos seus irmãos.

Eles partiram, mas um dos conselheiros explicou ao rei o significado do gesto que o jovem fizera e com que intenção o mais novo deles tomara o que lhe dera. Ao escutar as suas palavras, encheu-se de cólera e mandou cavaleiros em sua perseguição para os matar. Mas nessa região existe um rio, ao qual os descendentes desses homens vindos de Argos oferecem sacrifícios como seu salvador[280]. Esse rio, depois de os Teménidas o ultrapassarem, aumentou de tal modo a sua corrente que os cavaleiros não foram capazes de o atravessar. E assim os fugitivos chegaram a outra região da Macedónia e estabeleceram-se perto dos Jardins que dizem terem

---

Heródoto alude, de seguida, à simplicidade de vida das famílias reais nos tempos mais antigos da Grécia, de que também nos dão exemplos os Poemas Homéricos: no Canto 6 da *Ilíada*, os irmãos de Andrómaca apascentavam os animais (vv. 421-424); na *Odisseia*, Nausícaa lava a roupa (6. 85 sqq.), a rainha Arete prepara-lhe o farnel e o óleo para se ungir (6. 76-80), os príncipes seus irmãos desatrelam as mulas do carro, quando ela chega, e transportam a roupa (7. 4-7). Cf. ainda Tucídides 1. 2. 1 sqq. que fala da economia da pólis grega na época arcaica.

[279] Sinal de dignidade real, como acontecia em Esparta onde os reis tinham direito a dose dupla (cf. Heródoto 6. 57. 1), o que pressagiaria que Perdicas se tornaria rei. Trata-se de mais um motivo de índole popular, como o salvamento de alguém perseguido, por um rio que se interpõe. Vide W. Aly, *Volksmärchen, Sage und Novelle bei Herodot und seinen Zeitgenossen* (Göttingen, 21969), pp. 197 sqq.

Igual sentido tem o gesto de recolher o sol, referido a seguir: o brilho luzente da majestade real, segundo a concepção irânica. Assim, ao recolher o seu disco de sol e os dos irmãos, os três salários, Perdicas estaria também, simbolicamente, a tomar posse do que o Sol iluminava – a terra do país. Portanto, o seu gesto representaria o acto concreto de apropriação da realeza. Vide H. Kleinknecht, «Herodot und die makedonische Urgeschichte», *Hermes* 94 (1966) 134-146.

[280] Não vem especificado o nome do rio, mas deve tratar-se do Erígon ou do Halíacmon, afluentes do Áxio.

119

       pertencido a Midas, filho de Górdias, nos quais crescem espontaneamente rosas, que têm sessenta pétalas cada uma e apresentam uma fragrância

3 superior às demais[281]. Foi nestes jardins, ao que contam os Macedónios, que foi capturado Sileno[282]. E a norte dos jardins ergue-se um monte de nome Bérmio, inacessível devido ao inverno[283]. Uma vez de posse dessa região, partindo daí, subjugaram também a restante parte da Macedónia.

139   Ora Alexandre descendia desse tal Perdicas, com a seguinte genealogia[284]: Alexandre era filho de Amintas, de Amintas Alcetas; era pai de Alcetas Aéropo, deste era-o Filipe, de Filipe Argeu e deste Perdicas, o que conquistou o poder.

140α.1   Tal era, em conclusão, a genealogia de Alexandre, filho de Amintas. Quando chegou a Atenas, enviado por Mardónio, falou do seguinte modo[285]: «Isto é, cidadãos atenienses, o que manda dizer Mardónio. "Chegou-me uma mensagem da parte do rei que reza deste modo: 'Perdoo

α.2 aos Atenienses todas as faltas que contra mim cometeram. Agora, Mardónio, procede do seguinte modo: em primeiro lugar devolve-lhes a

---

    [281] Midas era um rei lendário, filho de Górdias e de Cibele e fundador da casa real da Frígia. Teria sido o inventor da flauta que os Gregos chamam *aulós* (cf. Plínio, *História Natural* 7. 204), instituído o culto da Terra Mãe, servido de juiz na disputa entre Apolo e Mársias. Nesta condição, conta Higino (*Fábulas* 191), teria dado a vitória a Mársias, provocando a cólera do deus que, como castigo, fez com que se transformasse em ouro tudo aquilo em que tocasse.

    Os Frígios teriam estendido o seu poder até à Europa (cf. Heródoto 7. 73).

    [282] Sileno parece estar ligado aos primeiros anos de vida de Diónisos. Dotado de grande sabedoria, aparece de modo geral representado como uma figura obesa, lasciva e ébria e caracterizado com traços equinos, habilidade para a música, dons proféticos quando embriagado. O seu nome veio a transformar-se em designação genérica para todos os sátiros envelhecidos (cf. Heródoto 7. 26. 3).

    Está relacionado com Sileno o dom de Midas tudo transformar em ouro. Conta a lenda que um dia os servos de Midas o encontraram ébrio, o aprisionaram e levaram ao rei que o reconheceu, o tratou de modo afável e o levou a Diónisos, sendo por isso recompensado com o dom que lhe pedisse: solicitou que se convertesse em ouro tudo o que tocasse (cf. Xenofonte, *Anábase* 1. 2. 13; Pausânias 1. 4. 5; Cícero, *Tusculanas* 1. 48; Ovídio, *Metamorfoses* 11. 85-173.

    [283] O monte Bérmio, com uma altitude de mais de 1800 metros, possuía neves todo o ano.

    [284] Só temos datas relativamente precisas dos reinados de Alexandre I (498-454) e de Amintas (540-498); para os restantes baseiam-se apenas em conjecturas.

    [285] Esta fala de Alexandre – que se encontra articulada em três partes, ao referir em discurso directo a mensagem de Mardónio, ao incluir nesta a de Xerxes e ao acrescentar no final as suas próprias considerações e conselhos aos Atenienses – é uma das grandes peças oratórias das *Histórias* de Heródoto, já estabelece um crescendo emocional de proximidade dos autores das mensagens: primeiro são colocadas as palavras de Xerxes, depois as de Mardónio e por fim as considerações do próprio Alexandre. Vide Masaracchia, p. 228.

terra; depois podem anexar outro país que desejem; e devem conservar a sua autonomia. E, se estiverem dispostos a fazer um acordo comigo, constrói-lhes todos os santuários que eu incendiei'. Ora, tendo recebido estas instruções, vejo-me na necessidade de lhes dar cumprimento, caso não haja impedimento da vossa parte. Mas digo-vos o seguinte: por que α.3 persistis agora na loucura de lançar a guerra contra o rei? Nem conseguireis vencê-lo, nem estais em condições de resistir indefinidamente. Vós observastes a multidão das forças de Xerxes e os seus feitos[286], e estais também informados sobre as forças de que actualmente disponho, de tal modo que, mesmo que consigais superiorizar-vos a nós e vencer – coisa de que não podeis ter qualquer esperança, se na verdade estais no vosso juízo –, outro exército ainda muito mais numeroso se apresentará. Não queirais, pois, ao medir-vos com o rei, perder a vossa α.4 terra e colocar constantemente em perigo a vossa vida; pelo contrário, ponde fim às hostilidades. Tendes possibilidade de o fazer da maneira mais honrosa, já que essa é a vontade do rei. Sede livres, firmando connosco uma aliança, sem engano nem fraude[287].

«Esta é, Atenienses, a mensagem que Mardónio me encarregou de 140β.1 vos transmitir. Pela minha parte, não vos vou falar da minha amizade por vós – na verdade não seria, neste momento, a primeira prova que

---

Como observa o mesmo Masaracchia (pp. 227-228), estamos perante um momento crucial da guerra: se os Atenienses – cujo poderio marítimo era evidente e que em momentos decisivos tinham obtido vitórias contra os Medos, em contraste com os Espartanos – aderissem à causa persa, Mardónio não só isolaria Esparta como conseguia o domínio sobre o Egeu. Possivelmente o resultado do conflito seria outro. Daí o empenho de Esparta em evitar que os Atenienses aceitassem as propostas de Alexandre (cf. 8. 142). Na sua resposta à oferta do rei macedónico, em nome de Mardónio, e aos receios espartanos – resposta que Plutarco atribui em grande parte a Aristides (*Aristides* 10. 4-6), opinião que talvez seja apenas uma conjectura sua (vide I. Calabi Limentani, *Rendiconti Istituto Lombardo*, 1960, pp. 43 sqq.) –, os Atenienses apresentam motivos diferentes: a Alexandre apontam como razão da recusa da proposta, que consideram desonrosa, o desejo apaixonado de liberdade e a impiedade de Xerxes, ao incendiar santuários e estátuas dos deuses (cf. 8. 143); nas palavras dirigidas aos Espartanos, fundamentam a sua atitude de não aceitação das ofertas dos Persas em ofensas próprias (o incêndio e redução a escombros da sua cidade) e na causa pan-helénica, embora coloquem maior ênfase nos laços que os uniam aos demais Helenos (8. 144. 2: «o mesmo sangue e a mesma língua, santuários e sacrifícios comuns, costumes e gostos idênticos»). Sobre o assunto vide J. Ribeiro Ferreira, *Hélade e Helenos* I, pp. 108-109 e 349-350.

[286] Mardónio está com certeza a referir-se à vitória nas Termópilas e à tomada e incêndio de Atenas por Xerxes.

[287] Este "sem engano nem fraude" é uma fórmula esteriotipada, solene e redundante própria de terminologia diplomática, usada nos tratados (cf. Heródoto 1. 69. 2 e 9. 7a; Tucídides 4. 118. 1; 5. 18. 4).

121

β.2 terias[288] –, mas peço-vos encarecidamente que presteis atenção a Mardónio, pois vejo que não estais em condições de manter a guerra contra Xerxes por tempo indefinido. Se vos visse com essa capacidade, de modo algum teria vindo junto de vós com semelhantes propostas. É
β.3 sobre-humano o poder do rei e a sua mão chega a todo o lado. Em conclusão, se não chegais a um rápido acordo, aproveitando as excelentes condições que, no seu desejo de concluir a paz, oferecem os Persas, temo pela vossa sorte: tendes uma localização sobre o caminho de passagem de exércitos e sereis os únicos a sofrer constantes danos, por a
β.4 vossa terra ser excelente e adequada e confrontos militares. Mas acreditai: para vós é grande honra que o Grande Rei esteja disposto a perdoar-vos as faltas, só a vós dentre os Gregos, e a ser vosso amigo.»
141.1 Estas foram as palavras que proferiu Alexandre. Os Lacedemónios, porém, ao ter conhecimento de que ele fora a Atenas para a induzir a aliar-se com o Bárbaro, recordados da predição dos oráculos, de que seriam expulsos do Peloponeso, juntamente com os demais Dórios, por acção dos Persas e dos Atenienses, temeram seriamente que estes últimos estabelecessem o acordo com os Persas e decidiram enviar-lhes de
2 imediato embaixadores[289]. E aconteceu até que a embaixada se apresentou ao mesmo tempo que Alexandre, já que os Atenienses haviam retardado a sessão, alargando o tempo, conscientes de que os Lacedomónios acabariam por saber da chegada de um emissário da parte do Bárbaro, para tratar de um acordo, e que, conhecedores dessa vinda, se apressariam a enviar embaixadores. Agiram assim de forma premeditada para que os Espartanos tomassem conhecimento das suas intenções.
142.1 E quando Alexandre concluiu o seu discurso, tomaram a palavra os emissários de Esparta, dizendo: «Mandaram-nos os Lacedemónios para vos pedir que não empreendais qualquer nova acção contra a Hélade,
2 nem aceiteis as propostas que vos faz o Bárbaro. De modo algum seria um acto justo e honroso para qualquer dos outros Gregos, mas sobretudo

---

[288] Alexandre ficou conhecido com o título de 'filo-heleno', mas trata-se de uma tradição mais tardia.

[289] Apesar deste empenho dos Espartanos, mais tarde, quando chegou a altura de travar batalha com as forças de Mardónio, os Éforos foram protelando o envio do exército e só o fizeram no momento em que os Atenienses ameaçaram aliar-se aos Persas (cf. Heródoto 9. 7a-11).

Heródoto, com a referência aos oráculos no início do capítulo, talvez aluda aos que, obtidos pelos Pisístratos, o rei espartano Cleómenes encontrou e levou da Acrópole, em 511 a.C. (cf. Heródoto 5. 90). Mas não é segura essa identificação, pelo que continuam incertas essas profecias. Talvez a tradição destes ocultos oráculos tenha nascido em círculos propagandísticos espartanos, já em época tardia com a intenção de lançar o descrédito sobre os feitos atenienses nas Guerras Medo-Persas.

para vós, por muitos e variados motivos. Fostes vós quem suscitou esta guerra, que nós não queríamos e que é o resultado da vossa apetência ao poder, mas que agora atinge também toda a Hélade[290]. Por outro lado, além de todas estas coisas, não é de modo algum admissível que vós, Atenienses, sejais os responsáveis pela escravidão da Grécia, vós que sempre e desde recuados tempos passais por libertadores de muitos povos[291]. Sem dúvida que nos solidarizamos com as vossas desventuras, tanto pelo facto de terdes sido privados de duas colheitas, como pelo facto de as vossas casas estarem destruídas. Em recompensa, os Lacedemónios e demais aliados prometem-vos alimentar as vossas mulheres e todos os familiares que sejam aptos para a guerra, enquanto durar o presente conflito[292]. Mas não vos persuada Alexandre, o Macedónio, mesmo que doure a proposta de Mardónio. Pois, ao agir assim, está a proceder como deve: sendo um tirano, coopera com um tirano[293]. Vós porém não deveis fazer o que diz, se por acaso estais no

---

[290] Atenas seria a causadora da guerra com os Persas, ao prestar ajuda aos Iónios (cf. Heródoto. 5. 97. 3), ao contrário dos Espartanos que se recusaram a fazê-lo (cf. 5. 49-51). O historiador expressa a convicção firme, através das palavras de Xerxes, de que a paternidade do início da guerra deve ser atribuída aos Atenienses (cf. 7. 8b. 2-3). Além disso, faz-se eco, através das palavras dos embaixadores espartanos, da interpretação tendenciosa de que a ajuda de Atenas aos Iónios em 499 teria sido motivada pelo seu desejo de hegemonia. Vide Masaracchia, pp. 229-230. Em outros passos, porém, refere que a intenção dos Persas era conquistar a Grécia, sendo a intervenção de Atenas e Erétria em apoio dos Iónios apenas um pretexto para a expedição de Dario (cf. Heródoto 3. 34. 6; 6. 94 e6. 98. 2; 7. 138). Neste segundo caso, a origem da guerra seria o desejo persa de constituir um império universal e a sua ânsia de conquistas. Vide Ph.-E. Legrand, *Hérodote, Introduction* (Paris, 1966), pp. 229-231; Schrader, p. 232 nota 752.

[291] Temos aqui uma alusão às guerras míticas dos Atenienses contra os Tebanos e as Amazonas, ao apoio prestado aos Heraclidas (cf. Heródoto 9. 27. 3-4), que se transformaram em temas usuais na propaganda e se tornaram referência obrigatória na eloquência panegírica do séc. IV a. C. Vide M. Nouhaud, *L'utilisation de l'histoire par les orateurs attiques* (Paris, 1982), pp. 14-15; J. Ribeiro Ferreira, *Hélade e Helenos* I, pp. 468-469, 474, 504.

Quanto às duas colheitas referidas a seguir, talvez se trate da de 480, destruída pela invasão persa, e da de 479, por não ter havido possibilidade de a semear.

[292] Os embaixadores aludem à ajuda da Simaquia do Peloponeso, de que Esparta era a cidade hegemónica. Sobre a Simaquia do Peloponeso e sua oposição à de Delos vide J.A.O.Larsen, «The Constitution of the Peloponnesian League», *Classical Philology* 28 (1933) 257-276; J. Ribeiro Ferreira, *A Grécia Antiga. Sociedade e Política* (Lisboa, Edições 70, 1992), pp. 139 e nota 3, e *Civilizações Clássicas* I– *Grécia* (Lisboa, Universidade Aberta, 1996), pp. 117-118.

[293] O termo 'tirano' apresenta aqui sentido pejorativo, se bem que Alexandre e Xerxes fossem monarcas e não tiranos. No entanto, para um grego do séc. V a.C., o governo de um só era usualmente apelidado de tirano, com maioria de razão se se tratasse de um rei

vosso juízo, sabendo que entre os Bárbaros não existe nem lealdade, nem sinceridade.» Foram estas as palavras que proferiram os emissários espartanos.

143.1 Então os Atenienses deram a seguinte resposta a Alexandre: «Também nós sabemos pessoalmente que o Medo dispõe de um poderio muitas vezes superior ao nosso, de tal modo que não é necessário lançar-nos em rosto tal inferioridade. Mas mesmo assim, apaixonadamente ligados à liberdade, nos defenderemos como pudermos[294]. Quanto a estabelecer um acordo com o Bárbaro, não tentes tu persuadir-nos, que
2 não te daremos atenção. E agora vai anunciar a Mardónio o que dizem os Atenienses: enquanto o sol continuar a percorrer o mesmo caminho que agora segue[295], jamais pactuaremos com Xerxes, mas enfrentá-lo--emos para nos defendermos, confiados na ajuda dos deuses e dos heróis,
3 cujos santuários e estátuas ele incendiou sem qualquer respeito. E tu, de futuro, não voltes a apresentar aos Atenienses propostas semelhantes, nem nos incites a praticar infâmias, elegando prestar-nos uma valiosa ajuda, pois não queremos que te aconteça nada de desagradável da parte dos Atenienses, dada a tua condição de seu próxeno e amigo»[296].

144.1 Tal foi a resposta que deram a Alexandre, enquanto aos emissários de Esparta endereçaram estoutra: «O terem os Lacedemónios receado que fizéssemos um acordo com o Bárbaro é perfeitamente humano. Torna--se, todavia, afrontoso que possais estar assustados, conhecendo perfeitamente a maneira de pensar dos Atenienses: em toda a terra não existe ouro em tal proporção, nem território que sobressaia pela sua excepcional beleza e fertilidade, que nos levem a aceitar a causa dos

---

bárbaro. Vide J. Ribeiro Ferreira, *Hélade e Helenos* I, pp. 239-246. O mesmo acontece com Heródoto que utiliza indistintamente *tyrannos* e *basileus* para designar o poder irresponsável de um só perante a lei e os cidadãos. Vide K.H. Waters, *Herodotos on Tyrants and Despots* (Wiesbaden, 1971), pp. 6-7.

[294] Heródoto sublinha várias vezes o amor à liberdade como principal razão que opõe os Gregos aos Persas e aos Bárbaros em geral: e. g. 7. 135. 3 e 138-139. Sobre o assunto vide P. Hohti, «Freedom of Speech in Speech Sections in the *Histories* of Herodotus», *Arctos* 8 (1974) 19-29; J. Ribeiro Ferreira, *Hélade e Helenos* I, pp. 348 e 352--354.

[295] Expressão solene de trágica intensidade, a que subjaz um *adynaton*, que encontramos, por exemplo, em Sófocles, *Filoctetes* 1329; Eurípides, fr. 688N2. O passo de Sófocles integra-se nas palavras solenes de Neoptólemo que, já reabilitado aos olhos do protagonista, lhe vem anunciar com amizade que, «enquanto este mesmo sol continuar a levantar-se de um lado e a pôr-se no outro», jamais obterá a cura da cruel enfermidade, se não partir para Tróia (vv. 1329-1333).

[296] Sobre a honra e funções do próxeno vide supra nota 36.

Medos e a escravizar a Hélade[297]. Na verdade são muitos e magnos os motivos que nos impedem de o fazer, ainda que o desejássemos: o primeiro e mais poderoso reside no incêndio e destruição das imagens e moradas dos deuses que exigem de nós a vingança mais completa, em vez de aliança com quem praticou tais actos[298]. E, em seguida, o que une todos os Gregos: o mesmo sangue e a mesma língua, santuários e sacrifícios comuns dos deuses, costumes e gostos idênticos[299]. Atraiçoar tudo isso, para os Atenienses não seria admissível. E ficai cientes do seguinte, se é que já o não sabíeis antes: enquanto restar vivo um Ateniense, nunca pactuaremos com Xerxes. Apreciamos por certo a solicitude que mostrais connosco – o facto de estar tão preocupados com os danos que sofremos, a ponto de manifestar vontade em cuidar da alimentação dos nossos familiares[300]. A vossa generosidade connosco

2

3

4

---

[297] Na hipótese, que consideram absurda, os Atenienses referem dois actos que evidentemente, no seu pensamento, se identificam: medizar ou aliar-se aos Persas e escravizar a Hélade.

Os Atenienses iniciam a resposta aos Espartanos com a máxima de tom geral de que o temor dos Espartanos era humanamente compreensível, mas transitam para uma apóstrofe em que consideram afrontoso para eles esse temor, conhecendo como conhecem os seus sentimentos.

[298] Tucídides 1. 96 aponta também estas razões entre os motivos justificativos da formação da Simaquia de Delos. Sobre a fundação dessa simaquia vide R. Meiggs, *The Athenian Empire* (Oxford, 1972), pp. 42-49. Aliás Heródoto parece apresentar a criação dessa Simaquia como uma consequência das Guerras Medo-Persas e da luta pela libertação das cidades gregas do Egeu e da Ásia Menor. Vide J. Ribeiro Ferreira, *Hélade e Heelenos* I, pp. 354-356 e *A Grécia Antiga. Sociedade e Política* (Lisboa, Edições 70, 1992), pp. 127-135.

[299] Sobre a importância e significado deste passo vide supra nota 36.

[300] Os Atenienses agradecem a oferta de ajuda económica e alimentar por parte dos Espartanos, mas não a aceitam, pois não é propriamente desse apoio que necessitam, mas de socorro militar, face ao previsível ataque próximo de Mardónio.

não tem conta, mas nós persistiremos como pudermos, sem em nada vos causar encargos. Agora, porém – dado que é esta a situação – enviai um exército o mais rápido que possais, pois, segundo as nossas conjecturas, o Bárbaro não levará muito tempo a apresentar-se, invadindo a nossa terra: mal receba a notícia de que não faremos nada do que ele nos pedia. Por isso, antes que ele se apresente na Ática, é conveniente que nos adiantemos a socorrer a Beócia.» Ouvida da parte dos Atenienses esta resposta, os emissários partiram para Esparta.[301]

---

[301] Os Atenienses propõem o estabelecimento de uma linha defensiva ou um enfrentamento com os Persas ao norte da Ática. Os embaixadores espartanos não respondem, possivelmente por continuarem a preferir a estratégia por eles proposta no ano anterior, por entenderem que lhes ofereceria mais segurança: uma linha defensiva no Istmo de Corinto, como defende C. Hignett, *Xerxes' Invasion of Greece*, pp. 279-283. Os Atenienses perceberam perfeitamente essa sua posição e no início do Livro 9, perante a dilacção do envio do seu exército de terra para a Beócia, ameaçam de novo aliarem-se aos Persas, pelo que de nada valeria a muralha defensiva do Istmo (9. 6-11).

A parte final deste Livro oitavo – que termina com uma frase introduzida por *oi men...* ("os emissários") e exige de certo modo uma segunda parte em que apareça a partícula *de* – liga-se estreitamente ao início do Livro nono, onde nos surge precisamente *Mardónios de* ("Mardónio, por seu lado"). Entre os dois livros não há, portanto, solução de continuidade, como aliás acontece em outros casos: por exemplo, entre o quinto e o sexto. Vide J. Ribeiro Ferreira e Delfim Leão, *Heródoto, Histórias* 6 (Lisboa, Edições 70, 2000), p. 18-19.

ÍNDICE

Prefácio	7
Bibliografia geral selecta	9
Abreviaturas	10
INTRODUÇÃO	11
O expansionismo do império asiático	12
A segunda Guerra Medo-Persa	19
1. Formação da frota ateniense	20
2. Confrontos no Artemísio	22
3. Batalha de Salamina	27
Temístocles	31
TRADUÇÃO	37

Impressão e acabamento
da
CASAGRAF - Artes Gráficas Unipessoal, Lda.
para
EDIÇÕES 70, LDA.
Abril de 2002